楽しく豊かな
道徳科の授業をつくる

横山利弘
［監修］

牧﨑幸夫／広岡義之／杉中康平
［編］

ミネルヴァ書房

監修のことば

日本道徳教育学会名誉会長　横山 利弘

　小中学校における「道徳の時間」を教科化するための学習指導要領の一部改正が行われた。昭和33年から半世紀以上にわたって行われてきた道徳の時間は，小学校では平成30年度から，中学校では平成31年度から「特別の教科　道徳」として新たなスタートを切ることとなる。

　教科化を目前にして，「考え，議論する道徳」や「アクティブ・ラーニング」という言葉が脚光を浴び，問題解決的な学習や体験的な学習などと称して様々な指導方法が教育雑誌や書物などに紹介されるようになってきた。しかし，それらの中には，これまで特別活動の学級活動における指導方法として紹介されていたような授業の紹介もあり，憂慮すべき事態ともなっている。

　教科化にあたり，今最も大切なことは，「特別の教科　道徳」が何を目標としているのかをまず確認することである。学習指導要領に示された「特別の教科　道徳」の目標は，道徳性の諸様相にあたる判断力，心情，実践意欲と態度という内面的資質を育てることであり，これまでの「道徳の時間」の目標とは基本的に変わっていない。つまり，「道徳の時間」と「特別の教科　道徳」とは本質的な部分では変わっていないのである。

　本書は，学習指導要領の一部改正により何が変わったのかをはじめ，「特別の教科　道徳」の授業はどのように行えばよいのかをわかりやすく示している。24点にのぼる学習指導案には，「特別の教科　道徳」が目標とする「生き方についての考えを深める学習」を進めるための指導のポイントや授業の構成が詳しく書かれている。特に，「授業記録」は，執筆者が「考え，議論する道徳」をどのように進めているのかが具体的にわかる貴重なものである。

　教科化に当たり，様々な情報を前に戸惑っている小中学校の先生方をはじめ，大学における教員養成課程で学ばれている学生の皆さんには待望の一冊である。

はしがき

　道徳を教科化するための学習指導要領の一部改正が行われて2年半が経過しました。「特別の教科　道徳」の全面実施が近づくにつれ，各学校では，指導方法や評価等についての研究・研修活動が盛んに行われるようになってきました。教科化に伴い，教員には，子どもたちとともに「道徳的価値」としっかり向き合い，自己の（人間としての）生き方についての考えを深められるような授業が，これまで以上に求められていることは間違いありません。

　本書は，平成27年4月にミネルヴァ書房より刊行された『楽しく豊かな「道徳の時間」をつくる』の続編として発刊したものです。『楽しく豊かな「道徳の時間」をつくる』は，おかげさまで，多くの学校現場の先生方や大学の教職課程に学ぶ教員志望の学生の皆さんにご愛読いただき，版を重ねています。これからも道徳の授業作りの基礎編・入門編として大いに活用いただけるものと確信しています。

　今回，『楽しく豊かな道徳科の授業をつくる』と銘打った本書は，文字通り一部改正学習指導要領によって新たに特別の教科となった道徳科の目標や内容に即し，生き方についての考えが深められるような学習について，わかりやすくていねいに解説した力のこもった一冊です。

　本書の前半では，教科化によって何が変わるのかをはじめ，教材の分析方法や教科化の趣旨に即した授業の在り方ついて，大学で教職課程科目「道徳の指導法」を担当する3名の教員が具体的に述べています。後半は，24点の選りすぐりの読み物教材について，教材分析をはじめ，指導のポイント，学習指導案，板書計画，授業記録，児童生徒の感想など，今すぐ授業に役立つ内容を，小中学校での授業経験の豊かな先生方がわかりやすく書いています。

　執筆に当たっているのは，いずれも，10年を超える歴史をもつ「横山利弘先生を囲む道徳教育研究会」に熱心に参加し，研さんを積んでいる教員です。月に一度，横山利弘先生のもとに全国から集まった100名を超える参加者とともに，「道徳教育を共に語り，共に学ぶ」という一点で「熱い」ひとときを共有しています。

　本書を，前著と共に熟読され，子どもたちと共に，楽しくも，感動深い道徳の授業を展開していただくことを願ってやみません。

　最後になりましたが，今回もまた，本書の出版を快くお引き受けいただき，編集の労をとっていただいたミネルヴァ書房編集部の浅井久仁人氏には，心から申し上げ，編者の「はしがき」といたします。

牧﨑　幸夫
編者　広岡　義之
杉中　康平

楽しく豊かな道徳科の授業をつくる　目　次

監修のことば
はしがき
資料　道徳の内容の学年段階・学校段階の一覧

第1章　教科化で何が変わるのか

1　「道徳の時間」から道徳科へ …………………………… 2
2　教科化で何が変わるのか ………………………………… 3
3　授業はどう変わるのか …………………………………… 5
4　児童生徒をどう評価するのか …………………………… 11

第2章　読み物教材の解釈の仕方

1　一部改正学習指導要領の「特別の教科　道徳」の特徴 …… 20
2　横山利弘の「タマゴッチ理論」による道徳教育 ……… 22
3　横山利弘による道徳教育の基本的な考え方 …………… 24
4　具体的な読み物教材の解説 ……………………………… 29

第3章　自己（人間として）の生き方についての考えを深める道徳科授業づくり入門
——「Q&A」による道徳授業づくりのABC——

Ｑ１：道徳科の「読み物教材」の特徴は何ですか？ ……………… 36
Ｑ２：「主人公の生き方に変化のある」教材の授業づくりのポイントは？ … 37
Ｑ３：「主人公の生き方に変化のない」教材の授業づくりのポイントは？ … 39
Ｑ４：読み物教材の「音読」を子どもにさせてもいいですか？ ……… 40
Ｑ５：「通読」または，「分かち読み」のどちらがいいですか？ ……… 41
Ｑ６：１時間の授業での発問の数はいくつくらいがいいですか？ …… 42
Ｑ７：「道徳的価値」に迫るための板書の工夫は？ ………………… 43
Ｑ８：子どもがなかなか積極的に発言してくれないのですが？ …… 45
Ｑ９：「追発問」が，どうしても誘導っぽくなるのですが？ ……… 47
Ｑ10：ワークシートの効果的な活用方法は？ ……………………… 48
Ｑ11：小グループでの話し合いでの注意点は？ …………………… 49
Ｑ12：道徳科の「授業」が上達したら，何かいいことがありますか？ …… 50

第4章　小学校の道徳科の授業をつくる

1　シロクマのクウ〈低学年・A―(5)〉 ……………………………… 52
2　きつねとぶどう〈低学年・B―(7)〉 ……………………………… 58
3　二わのことり〈低学年・B―(9)〉 ………………………………… 65
4　黄色いベンチ〈低学年・C―(10)〉 ………………………………… 71
5　よわむし太郎〈中学年・A―(1)〉 ………………………………… 77
6　絵葉書と切手〈中学年・B―(9)〉 ………………………………… 84
7　ブラッドレーのせい求書〈中学年・C―(14)〉 …………………… 91
8　命の祭り―ヌチヌグスージ―〈中学年・D―(18)〉 ……………… 97
9　富士と北斎〈中学年・D―(20)〉 ………………………………… 104
10　手品師〈高学年・A―(2)〉 ……………………………………… 111
11　背中〈高学年・B―(7)〉 ………………………………………… 119
12　ぼくの名前呼んで〈高学年・C―(15)〉 ………………………… 125
13　小川笙船〈高学年・C―(14)〉 …………………………………… 132
14　青の洞門〈高学年・D―(22)〉 …………………………………… 139

第5章　中学校の道徳科の授業をつくる

1　ジョイス〈A―(4)〉 ……………………………………………… 148
2　車いすの少年〈B―(6)〉 ………………………………………… 155
3　月明かりで見送った夜汽車〈B―(6)〉 ………………………… 162
4　吾一と京造〈B―(8)〉 …………………………………………… 169
5　バスと赤ちゃん〈C―(12)〉 ……………………………………… 179
6　語りかける目〈C―(14)〉 ………………………………………… 185
7　二枚の写真〈C―(15)〉 …………………………………………… 193
8　海と空―樫野の人々―〈C―(18)〉 ……………………………… 200
9　キミばあちゃんの椿〈D―(19)〉 ………………………………… 209
10　いつわりのバイオリン〈D―(22)〉 ……………………………… 219

資料　道徳の内容の学年

	小学校第1学年及び第2学年（19）	小学校第3学年及び第4学年（20）
A　主として自分自身に関すること		
善悪の判断, 自律, 自由と責任	(1)よいことと悪いこととの区別をし, よいと思うことを進んで行うこと。	(1)正しいと判断したことは, 自信をもって行うこと。
正直, 誠実	(2)うそをついたりごまかしをしたりしないで, 素直に伸び伸びと生活すること。	(2)過ちは素直に改め, 正直に明るい心で生活すること。
節度, 節制	(3)健康や安全に気を付け, 物や金銭を大切にし, 身の回りを整え, わがままをしないで, 規則正しい生活をすること。	(3)自分でできることは自分でやり, 安全に気を付け, よく考えて行動し, 節度のある生活をすること。
個性の伸長	(4)自分の特徴に気付くこと。	(4)自分の特徴に気付き, 長所を伸ばすこと。
希望と勇気, 努力と強い意志	(5)自分のやるべき勉強や仕事をしっかりと行うこと。	(5)自分でやろうと決めた目標に向かって, 強い意志をもち, 粘り強くやり抜くこと。
真理の探究		
B　主として人との関わりに関すること		
親切, 思いやり	(6)身近にいる人に温かい心で接し, 親切にすること。	(6)相手のことを思いやり, 進んで親切にすること。
感謝	(7)家族など日頃世話になっている人々に感謝すること。	(7)家族など生活を支えてくれている人々や現在の生活を築いてくれた高齢者に, 尊敬と感謝の気持ちをもって接すること。
礼儀	(8)気持ちのよい挨拶, 言葉遣い, 動作などに心掛けて, 明るく接すること。	(8)礼儀の大切さを知り, 誰に対しても真心をもって接すること。
友情, 信頼	(9)友達と仲よくし, 助け合うこと。	(9)友達と互いに理解し, 信頼し, 助け合うこと。
相互理解, 寛容		(10)自分の考えや意見を相手に伝えるとともに, 相手のことを理解し, 自分と異なる意見も大切にすること。
C　主として集団や社会との関わりに関すること		
規則の尊重	(10)約束やきまりを守り, みんなが使う物を大切にすること。	(11)約束や社会のきまりの意義を理解し, それらを守ること。
公正, 公平, 社会正義	(11)自分の好き嫌いにとらわれないで接すること。	(12)誰に対しても分け隔てをせず, 公正, 公平な態度で接すること。
勤労, 公共の精神	(12)働くことのよさを知り, みんなのために働くこと。	(13)働くことの大切さを知り, 進んでみんなのために働くこと。
家族愛, 家庭生活の充実	(13)父母, 祖父母を敬愛し, 進んで家の手伝いなどをして, 家族の役に立つこと。	(14)父母, 祖父母を敬愛し, 家族みんなで協力し合って楽しい家庭をつくること。
よりよい学校生活, 集団生活の充実	(14)先生を敬愛し, 学校の人々に親しんで, 学級や学校の生活を楽しくすること。	(15)先生や学校の人々を敬愛し, みんなで協力し合って楽しい学級や学校をつくること。
伝統と文化の尊重, 国や郷土を愛する態度	(15)我が国や郷土の文化と生活に親しみ, 愛着をもつこと。	(16)我が国や郷土の伝統と文化を大切にし, 国や郷土を愛する心をもつこと。
国際理解, 国際親善	(16)他国の人々や文化に親しむこと。	(17)他国の人々や文化に親しみ, 関心をもつこと。
D　主として生命や自然, 崇高なものとの関わりに関すること		
生命の尊さ	(17)生きることのすばらしさを知り, 生命を大切にすること。	(18)生命の尊さを知り, 生命あるものを大切にすること。
自然愛護	(18)身近な自然に親しみ, 動植物に優しい心で接すること。	(19)自然のすばらしさや不思議さを感じ取り, 自然や動植物を大切にすること。
感動, 畏敬の念	(19)美しいものに触れ, すがすがしい心をもつこと。	(20)美しいものや気高いものに感動する心をもつこと。
よりよく生きる喜び		

段階・学校段階の一覧

小学校第5学年及び第6学年（22）	中学校（22）	
(1)自由を大切にし，自律的に判断し，責任のある行動をすること。 (2)誠実に，明るい心で生活すること。	(1)自律の精神を重んじ，自主的に考え，判断し，誠実に実行してその結果に責任をもつこと。	自主，自律，自由と責任
(3)安全に気を付けることや，生活習慣の大切さについて理解し，自分の生活を見直し，節度を守り節制に心掛けること。	(2)望ましい生活習慣を身に付け，心身の健康の増進を図り，節度を守り節制に心掛け，安全で調和のある生活をすること。	節度，節制
(4)自分の特徴を知って，短所を改め長所を伸ばすこと。	(3)自己を見つめ，自己の向上を図るとともに，個性を伸ばして充実した生き方を追求すること。	向上心，個性の伸長
(5)より高い目標を立て，希望と勇気をもち，困難があってもくじけずに努力して物事をやり抜くこと。	(4)より高い目標を設定し，その達成を目指し，希望と勇気をもち，困難や失敗を乗り越えて着実にやり遂げること。	希望と勇気，克己と強い意志
(6)真理を大切にし，物事を探究しようとする心をもつこと。	(5)真実を大切にし，真理を探究して新しいものを生み出そうと努めること。	真理の探究，創造
(7)誰に対しても思いやりの心をもち，相手の立場に立って親切にすること。 (8)日々の生活が家族や過去からの多くの人々の支え合いや助け合いで成り立っていることに感謝し，それに応えること。	(6)思いやりの心をもって人と接するとともに，家族などの支えや多くの人々の善意により日々の生活や現在の自分があることに感謝し，進んでそれに応え，人間愛の精神を深めること。	思いやり，感謝
(9)時と場をわきまえて，礼儀正しく真心をもって接すること。	(7)礼儀の意義を理解し，時と場に応じた適切な言動をとること。	礼儀
(10)友達と互いに信頼し，学び合って友情を深め，異性についても理解しながら，人間関係を築いていくこと。	(8)友情の尊さを理解して心から信頼できる友達をもち，互いに励まし合い，高め合うとともに，異性についての理解を深め，悩みや葛藤も経験しながら人間関係を深めていくこと。	友情，信頼
(11)自分の考えや意見を相手に伝えるとともに，謙虚な心をもち，広い心で自分と異なる意見や立場を尊重すること。	(9)自分の考えや意見を相手に伝えるとともに，それぞれの個性や立場を尊重し，いろいろなものの見方や考え方があることを理解し，寛容の心をもって謙虚に他に学び，自らを高めていくこと。	相互理解，寛容
(12)法やきまりの意義を理解した上で進んでそれらを守り，自他の権利を大切にし，義務を果たすこと。	(10)法やきまりの意義を理解し，それらを進んで守るとともに，そのよりよい在り方について考え，自他の権利を大切にし，義務を果たして，規律ある安定した社会の実現に努めること。	遵法精神，公徳心
(13)誰に対しても差別をすることや偏見をもつことなく，公正，公平な態度で接し，正義の実現に努めること。	(11)正義と公正さを重んじ，誰に対しても公平に接し，差別や偏見のない社会の実現に努めること。	公正，公平，社会正義
(14)働くことや社会に奉仕することの充実感を味わうとともに，その意義を理解し，公共のために役に立つことをすること。	(12)社会参画の意識と社会連帯の自覚を高め，公共の精神をもってよりよい社会の実現に努めること。	社会参画，公共の精神
	(13)勤労の尊さや意義を理解し，将来の生き方について考えを深め，勤労を通じて社会に貢献すること。	勤労
(15)父母，祖父母を敬愛し，家族の幸せを求めて，進んで役に立つことをすること。	(14)父母，祖父母を敬愛し，家族の一員としての自覚をもって充実した家庭生活を築くこと。	家族愛，家庭生活の充実
(16)先生や学校の人々を敬愛し，みんなで協力し合ってよりよい学級や学校をつくるとともに，様々な集団の中での自分の役割を自覚して集団生活の充実に努めること。	(15)教師や学校の人々を敬愛し，学級や学校の一員としての自覚をもち，協力し合ってよりよい校風をつくるとともに，様々な集団の意義や集団の中での自分の役割と責任を自覚して集団生活の充実に努めること。	よりよい学校生活，集団生活の充実
(17)我が国や郷土の伝統と文化を大切にし，先人の努力を知り，国や郷土を愛する心をもつこと。	(16)郷土の伝統と文化を大切にし，社会に尽くした先人や高齢者に尊敬の念を深め，地域社会の一員としての自覚をもって郷土を愛し，進んで郷土の発展に努めること。	郷土の伝統と文化の尊重，郷土を愛する態度
	(17)優れた伝統の継承と新しい文化の創造に貢献するとともに，日本人としての自覚をもって国を愛し，国家及び社会の形成者として，その発展に努めること。	我が国の伝統と文化の尊重，国を愛する態度
(18)他国の人々や文化について理解し，日本人としての自覚をもって国際親善に努めること。	(18)世界の中の日本人としての自覚をもち，他国を尊重し，国際的視野に立って，世界の平和と人類の発展に寄与すること。	国際理解，国際貢献
(19)生命が多くの生命のつながりの中にあるかけがえのないものであることを理解し，生命を尊重すること。	(19)生命の尊さについて，その連続性や有限性なども含めて理解し，かけがえのない生命を尊重すること。	生命の尊さ
(20)自然の偉大さを知り，自然環境を大切にすること。	(20)自然の崇高さを知り，自然環境を大切にすることの意義を理解し，進んで自然の愛護に努めること。	自然愛護
(21)美しいものや気高いものに感動する心や人間の力を超えたものに対する畏敬の念をもつこと。	(21)美しいものや気高いものに感動する心をもち，人間の力を超えたものに対する畏敬の念を深めること。	感動，畏敬の念
(22)よりよく生きようとする人間の強さや気高さを理解し，人間として生きる喜びを感じること。	(22)人間には自らの弱さや醜さを克服する強さや気高く生きようとする心があることを理解し，人間として生きることに喜びを見いだすこと。	よりよく生きる喜び

監修者

横山 利弘（よこやま・としひろ，監修者，元関西学院大学教授，日本道徳教育学会名誉会長）

執筆者紹介（執筆担当）

牧﨑 幸夫（まきざき・ゆきお，編者，立命館大学非常勤講師）　第1章
広岡 義之（ひろおか・よしゆき，編者，神戸親和女子大学発達科学部教授）　第2章
杉中 康平（すぎなか・こうへい，編者，四天王寺大学教育学部准教授）　第3章

教材解説（小学校，掲載順，所属は執筆時）

中舎 良希（なかしゃ・よしき，京都府南丹教育局）　シロクマのクウ／命の祭り
阿部 隆（あべ・たかし，長岡京市立神足小学校）　きつねとぶどう
上垣 雅史（うえがき・まさし，高槻市立阿武山小学校）　二わのことり
渡部 恭子（わたなべ・きょうこ，大阪教育大学附属池田小学校）　黄色いベンチ／絵葉書と切手
谷口 雄一（たにぐち・ゆういち，兵庫教育大学教職大学院）　よわむし太郎
萩野 奈幹（はぎの・なみき，加古川市立別府小学校）　ブラッドレーのせい求書
松原 弘（まつばら・ひろし，和泉市立郷荘中学校）　富士と北斎
岩井 晃子（いわい・あきこ，柏原市立国分中学校）　手品師
末本 裕喜（すえもと・ひろき，高石市立取石小学校）　背中
永吉 洋子（ながよし・ようこ，元・河内長野市立中学校）　ぼくの名前呼んで
杉中 康平（すぎなか・こうへい，四天王寺大学教育学部）　小川笙船
杉江ゆかり（すぎえ・ゆかり，門真市立脇田小学校）　青の洞門，第3章イラスト

教材解説（中学校，掲載順，所属は執筆時）

松原 弘（まつばら・ひろし，和泉市立郷荘中学校）　ジョイス／キミばあちゃんの椿
小山 昌二（こやま・しょうじ，岬町立岬中学校）　車いすの少年
村田寿美子（むらた・すみこ，城陽市立東城陽中学校）　月明かりで見送った夜汽車／語りかける目
川崎 雅也（かわさき・まさや，貝塚市立南小学校）　吾一と京造／海と空
松岡 信二（まつおか・しんじ，京都府立舞鶴支援学校）　バスと赤ちゃん
名和 優（なわ・まさる，亀岡市立別院中学校）　二枚の写真
佐々木みゆき（ささき・みゆき，久御山町立久御山中学校）　いつわりのバイオリン

第1章
教科化で何が変わるのか

1 「道徳の時間」から道徳科へ

　2015（平成27）年3月27日，この日は小中学校及び特別支援学校小学部・中学部（以下，「小中学校等」という。）における道徳教育にとって大きな転換点となる日でした。文部科学省は，この日，小中学校等の学習指導要領を一部改正し，1958（昭和33）年以来半世紀以上にわたった実施してきた教育課程の一領域としての道徳から教科としての道徳科へと舵を切ったのです。

　教科として新たなスタートを切ることになった道徳科は，小学校及び特別支援学校小学部では2018（平成30）年度から，中学校及び特別支援学校中学部では2019（平成31）年度から全面実施されることになります。また，2015（平成27）年度から全面実施の年度までは，移行期間として一部改正学習指導要領に基づいて授業を進めることができるようになりました。

　では，なぜ，今，教科化だったのでしょうか。

　きっかけとなったのは2011（平成23）年10月に大津市で起こった中学生のいじめによる自殺です。この事件は，翌年の7月になって明るみに出て，大々的に報道されるようになりました。

　2012（平成24）年12月に誕生した安倍政権のもとで設けられた「教育再生実行会議」は，翌年2月に「いじめの問題等への対応について」という提言を行いました。提言では，「いじめを早い段階で発見し，その芽を摘み取り，一人でも多くの子どもを救うことが，教育再生に向けて避けて通れない緊急課題」であるとの前提のもと，「子どもが命の尊さを知り，自己肯定感を高め，他者への理解や思いやり，規範意識，自主性や責任感などの人間性・社会性を育むよう，国は，道徳教育を充実する。そのため，道徳の教材を抜本的に充実するとともに，道徳の特性を踏まえた新たな枠組みにより教科化し，指導内容を充実し，効果的な指導方法を明確化する」ことが示されています。

　その後，文部科学省が設置した「道徳教育の充実に関する懇談会」での検討結果や中央教育審議会の答申を経て，一部改正学習指導要領の告示に至ったのです。

　ところで，いじめ問題の深刻さが道徳の教科化のきっかけだと説明されても，わかりにくいのではないでしょうか。いじめ問題への対応に道徳教育が効果を発揮するというのなら，これまでの「道徳の時間」でもできるのではないかという疑問が生じるからです。

　「道徳の時間」は，1958（昭和33）年の学習指導要領改訂により誕生し，およそ10年ごとに行われる学習指導要領の改訂とともに，生徒を取り巻く社会の変化などを考慮しながら改訂が進められてきました。

表1-1 「道徳の時間」の課題

① 教育再生実行会議「いじめの問題等への対応について」(第一次提言)
　現在行われている道徳教育は，指導内容や指導方法に関し，学校や教員によって充実度に差があり，所期の目的が十分に果たされていない状況にあります。
② 道徳教育の充実に関する懇談会「今後の道徳教育の改善・充実方策について」(報告)
・歴史的経緯に影響され，いまだに道徳教育そのものを忌避しがちな風潮がある。
・道徳教育の目指す理念が関係者に共有されていない。
・教員の指導力が十分でなく，道徳の時間に何を学んだかが印象に残るものになっていない。
・他教科に比べて軽んじられ，道徳の時間が，実際には他の教科に振り替えられていることもあるのではないか。
③ 中央教育審議会「道徳に係る教育課程の改善等について」(答申)
　道徳教育の要である道徳の時間において，その特質を生かした授業が行われていない場合があることや，発達の段階が上がるにつれ，授業に対する児童生徒の受け止めがよくない状況にあること，学校や教員によって指導の格差が大きいことなど多くの課題が指摘されており，全体としては，いまだ不十分な状況にある。

　しかし，「道徳の時間」が子どもたちの道徳性の育成のために十分機能してきたかと問われれば，答えは否と言わざるを得ません。その理由については，表1-1で示したように，教育再生実行会議の提言や中央教育審議会の答申等が指摘しています。

　道徳の教科化は，いわば機能不全に陥っていたこれまでの道徳教育を実効あるものにしようとした教育改革だったのです。

2　教科化で何が変わるのか

　「道徳の時間」が道徳科になって何が変わるのでしょうか。

　学習指導要領等の一部改正が行われた際，文部科学省のホームページには「道徳教育の抜本的改善・充実」という資料[5]が掲載されました。資料には，道徳の教科化についての要点がコンパクトにまとめられています。

　まず目を引くのは「『考え，議論する』道徳科への転換により，児童生徒の道徳性をはぐくむ」という見出しです。「考え，議論する」というのは，どのようなことを意味しているのでしょうか。この文言は一部改正学習指導要領のどこを探しても見あたりません。したがって，この文言は教科化に向けたキャッチコピー的なものだと考えられます。

　2014（平成26）年10月の中央教育審議会答申には，「道徳教育をめぐっては，児童生徒に特定の価値観を押し付けようとするものではないかなどの批判が一部にある。しかしながら，道徳教育の本来の使命に鑑みれば，特定の価値観を押し付けたり，主体性をもたず言われるままに行動するよう指導したりすることは道徳教育が

目指す方向の対極にあるものと言わなければならない。むしろ，多様な価値観の，時に対立がある場合を含めて，誠実にそれらの価値に向き合い，道徳としての問題を考え続ける姿勢こそ道徳教育で養うべき基本的資質であると考えられる。」という記述があり，2015年7月に出された『小学校〈中学校〉学習指導要領解説　総則編（抄）』(6)及び『小学校〈中学校〉学習指導要領解説　特別の教科　道徳編』(7)(8)（以下「道徳科解説書」という）には，「中央教育審議会答申を踏まえ，発達の段階に応じ，答えが一つではない道徳的な課題を一人一人の児童〈生徒〉が自分自身の問題と捉え向き合う『考える道徳』，『議論する道徳』へと転換を図るものである。」（第1章総説，1改訂の経緯）と示されています。

　つまり，「考え，議論する」というのは，道徳教育が「特定の価値観を押し付けたり，主体性をもたず言われるままに行動するよう指導したりする」ものではなく，「多様な価値観の，時に対立がある場合を含めて，誠実にそれらの価値に向き合い，道徳としての問題を考え続ける姿勢」を養うものであるであることを簡潔に表したものだと考えられます。

　では，具体的には何が変わるのでしょうか。「道徳教育の抜本的改善・充実」という資料には「具体的なポイント」として次の4点が示されています（文頭の丸数字は筆者が付した）。

① 道徳科に検定教科書を導入
② 内容について，いじめの問題への対応の充実や発達の段階をより一層踏まえた体系的なものに改善
　・「個性の伸長」「相互理解，寛容」「公正，公平，社会正義」「国際理解，国際親善」「よりよく生きる喜び」の内容項目を小学校に追加
③ 問題解決的な学習や体験的な学習などを取り入れ，指導方法を工夫
④ 数値評価ではなく，児童生徒の道徳性にかかる成長の様子を把握

　これら4つのポイントを見るときに，前提としておかなければならない大事なことがあります。それは，学習指導要領自体の構成の変更です。

　これまでの学習指導要領では，道徳教育は「第1章総則」と「第3章道徳」で構成されていました。一部改正学習指導要領では「第1章総則」と「第3章特別の教科　道徳」で構成されています。実は，ここには大きな違いがあるのです。これまでは，第1章において学校の教育活動全体で行う道徳教育と，その要である「道徳の時間」の位置づけ，道徳教育の目標，道徳教育を進める上での基本的な留意事項が示され，第3章では道徳教育の目標として育成すべき道徳性の諸様相（心情，判断力，実践意欲と態度など）をはじめ，道徳教育の内容，道徳教育の指導計画の作成と内容の取り扱い，「道徳の時間」の目標などが示されていました。つまり，第3章は，学校の教育活動全体で行う道徳教育と週1時間行われる「道徳の時間」の

両方が示されていたのです。

　ところが，一部改正学習指導要領では第3章が「特別の教科　道徳」となり，道徳科についてのみ示されるようになったのです。それにより，たとえば，それまで第3章で示されていた道徳教育の全体計画の作成をはじめ，家庭や地域社会との連携などの記述は第1章に移されることになりました。

　このことは，後ほど述べますが，道徳科の授業や評価を行う上で，それまでとは違った意味合いが出てくるのです。

3　授業はどう変わるのか

　道徳が教科化されていちばん気になるのは授業がどう変わるのかということでしょう。一部改正学習指導要領と道徳科解説書等をもとに，授業がどう変わるのか，または，変わらないのかについて述べてみましょう。

(1) 検定教科書の導入

　道徳が教科化されたわけですから，当然，検定教科書を使用して授業を進めていくことになります。この点は大きな変化であるといえます。

　学校教育法には「小学校においては，文部科学大臣の検定を経た教科用図書又は文部科学省が著作の名義を有する教科用図書を使用しなければならない。」（第34条，中学校は第49条に準用規定がある）と規定されており，教員には検定教科書を使用する義務が生じます。一部改正学習指導要領が全面実施されると同時に，小中学校等では，教科書を使用して授業を行わなければならないことになります。

　各都道府県等では，現在，郷土資料などをもとに独自に開発した資料集を使用しているところもあります。そうした資料集に掲載されている資料を道徳科の教材として使用することは可能です。学校教育法に「前項の教科用図書以外の図書その他の教材で，有益適切なものは，これを使用することができる。」（第34条第2項，中学校は第49条に準用規定がある）という規定があるからです。ただ，こうしたことを行う場合は，学校の課題や児童生徒の実態などを踏まえ，教材を十分吟味した上，年度初めの計画作成段階で道徳科の年間指導計画に組み込んでおくことが必要です。

(2) 道徳的な判断力，心情，実践意欲と態度を育てる

　道徳科の授業は，当然，学習指導要領に示された目標の達成を目指して行います。一部改正学習指導要領には目標が表1-2のように示されています。

　道徳科は，道徳教育の目標である道徳性を養うため，「道徳的な判断力，心情，

表1-2 道徳科の目標

　第1章総則の第1の2に示す道徳教育の目標に基づき，よりよく生きるための基盤となる道徳性を養うため，道徳的諸価値についての理解を基に，自己を見つめ，物事を〈広い視野から〉多面的・多角的に考え，自己〈人間として〉の生き方についての考えを深める学習を通して，道徳的な判断力，心情，実践意欲と態度を育てる。

（一部改正小学校学習指導要領　第3章特別の教科道徳　第1目標）
（〈　〉内は中学校を示す。）

実践意欲と態度を育てる。」ことが目標なのです。この部分は，これまでの学習指導要領では，学校の教育活動全体で行う道徳教育の目標として示されており，「道徳的な心情，判断力，実践意欲と態度などを育てる。」となっていました。一部改正学習指導要領では，「心情」と「判断力」が入れ替わったことと，「など」が消えています。

　「心情」と「判断力」が入れ替わったことについては，いじめ問題が教科化のきっかけであったことから，児童生徒の判断力の育成を重視したとも考えられますが，道徳科解説書には「特に序列や段階があるということではない」ことが示されています。この部分の記述によって道徳科の授業が大きく変わるとは思えません。

　むしろ，この部分の記述が道徳科の目標として示されたことと「など」が消えたことに注目しておく必要があります。改正前の学習指導要領解説書には，「など」について，「道徳的習慣など」をあげ，「道徳性の育成においては，道徳的習慣をはじめ，道徳的行為の指導も重要である。」と示していました。今回の改正では「など」を消し，道徳科の授業では「道徳的な判断力，心情，実践意欲と態度を育てる。」ことを目標にすることを明確に打ち出したのです。

　では，道徳科の授業を通して育てなければならない道徳的な判断力，心情，実践意欲と態度とはどのようなものなのでしょう。道徳科解説書には，それらは道徳性を構成する諸様相として表1-3のように示されています。

　道徳科解説書は，これらの道徳的諸様相とは「一人一人の児童が道徳的価値を自覚し，自己の生き方についての考えを深め，日常生活や今後出会うであろう様々な場面，状況において，道徳的価値を実現するための適切な行為を主体的に選択し，実践することができるような内面的資質」（小学校，中学校も同趣旨）であると説明しています。

　道徳科の授業では，教材に登場する道徳的な問題に直面した人物等の言葉や行動などをもとに，その内面を考えさせることによって児童生徒の内面的資質を育てていくことになります。道徳科の授業は，「登場人物等はこんな時どうすればよかったのだろう。」とか，児童生徒に対して「あなたならならこんなときどうしますか。」などのように行動を聞く授業ではないのです。道徳科は処世術を学ばせる時間ではありません。

表1-3　道徳性の諸様相

【道徳的判断力】
　それぞれの場面において善悪を判断する能力である。つまり，人間として生きるために道徳的価値が大切なことを理解し，様々な状況下において人間としてどのように対処することが望まれるかを判断する力である。
【道徳的心情】
　道徳的価値の大切さを感じ取り，善を行うことを喜び，悪を憎む感情のことである。人間としてのよりよい生き方や善を志向する感情であるとも言える。
【道徳的実践意欲と態度】
　道徳的心情や道徳的判断力によって価値があるとされた行動をとろうとする傾向性を意味する。
（道徳科解説書　第2章道徳教育の目標　第2節道徳科の目標　3）

（3）生き方についての考えを深める学習

　道徳科の学習はどのように進めていけばよいのでしょうか。道徳科の目標には道徳的な判断力，心情，実践意欲と態度を育てるための学習の中味が示されています。表1-2の中ほどにある「道徳的諸価値についての理解を基に，自己を見つめ，物事を〈広い視野から〉多面的・多角的に考え，自己〈人間として〉の生き方についての考えを深める学習」というのがそれに当たります。

　たとえば，第4章に掲載している小学校高学年の読み物教材「背中」をもとに述べてみましょう。「背中」の主題は「親切，思いやり」です。

　児童は小学校高学年にもなると親切や思いやりの大切さはその子なりに理解しています。しかし，親切や思いやりがどのようなことを意味しそれがなぜ大切なのかを面と向かって尋ねられても返答に困ることでしょう。また，実際には「背中」の主人公のように，塾の宿題があれば松葉杖をついた人が前に並んでいてもわれ先に席を確保しようと思うのも人間です。「道徳的諸価値についての理解」というのは，これまでのその子なりの親切や思いやりについての理解を出発点にし，「背中」という読み物教材を通して，親切や思いやりの意義やその大切さを理解していくことなのです。そして，児童一人一人は道徳的価値を自覚していく過程で，これまでの自分の経験やその時の考え方，感じ方と照らし合わせるなど，「自己を見つめ」ることになります。

　「背中」では，席を譲って降りたはずの青年が前の車両から降りてきたのを見た主人公が，驚いて思わずあとをついて行きます。授業では，この部分を中心発問として「若い男の人の背中が，かがやいて見えたのは，『ぼく』がどんなことを考え，気がついたからだろうか。」と児童に投げかけます。それによって，児童から「ごめんなさい。」（反省，後悔）をはじめ，「『すぐ降ります』と言ったわけが分かった。」（気づき）や「ぼくもこんな人になるよ。」（決意，生き方）などの反応を引き出し，「物事を多面的・多角的に考え」させていくのです。

　また，児童から出てきたそうした反応には，必要に応じて問い返しをしていきま

す。たとえば,「『すぐ降ります』と言ったわけが分かった。」という反応に対しては,「何が分かったの。」と問い返すことによって児童間の対話を促します。「お母さんに気を遣わせないためだったんだ。」「周りの人たちを気遣ったんだ。」「そうだ,懸命に宿題をしているぼくのことも考えてくれたんだ。」などの発言を引き出すことによって,主題とする「道徳的価値についての理解」を一層深めさせるとともに,「自己の生き方についての考えを深め」させるのです。

　ここでは,発問や問い返しによって教員と児童,児童間の対話をいかにコーディネートするかが重要になり,教員の指導力量が問われることになります。

　このように述べてきますと,これまでの道徳の時間とどこが違うのかという疑問が湧いてくるでしょう。そうです,これまでから学習指導要領に示された目標に沿って授業をしてきた教員にとっては,道徳の授業の本質は変わっていないと言えるのです。

（4）問題解決的な学習や体験的な学習

　「『考え,議論する』道徳科への転換」というキャッチコピーにより,問題解決的な学習や体験的な学習が脚光を浴びています。特に,問題解決的な学習については,「議論する」という言葉とともに,道徳的な問題について,グループなどによる話し合いを行う事例が盛んに紹介されるようになってきました。

　では,問題解決的な学習や体験的な学習について,一部改正学習指導要領ではどのように示されているのでしょうか。表1-4は,該当する箇所を抽出したものです。

　体験的な学習については,役割演技に代表されるように,これまでの道徳の時間でもよく取り入れられてきた手法ですので,ここでは,問題解決的な学習に焦点を当てて述べることにしましょう。

　問題解決的な学習とは,児童生徒に何らかの道徳的な問題の存在に気づかせ,その問題の解決に向けて主体的,能動的に考えさせる学習であると言えます。

　では,道徳的な問題とはどのようなものなのでしょう。2016（平成28）年7月に文部科学省の「道徳教育に係る評価等の在り方に関する専門家会議」がまとめた報告によると,①道徳的諸価値が実現されていないことに起因する問題,②道徳的諸価値について理解が不十分又は誤解していることから生じる問題,③道徳的諸価値のことは理解しているが,それを実現しようとする自分とそうできない自分との葛藤から生じる問題,④複数の道徳的価値の間の対立から生じる問題が例示されています。

　こうしたことを考慮して授業を組み立てるとすれば,どのような展開が考えられるのでしょう。中学校の読み物教材「嵐の後で」をもとに述べてみましょう。

　あらすじはこうです。幼なじみで同じ水産高校を出た勇太と明夫は,家庭環境の

3 授業はどう変わるのか

表1-4 問題解決的な学習, 体験的な学習

> (5) 児童〈生徒〉の発達の段階や特性等を考慮し, 指導のねらいに即して, 問題解決的な学習, 道徳的行為に関する体験的な学習等を適切に取り入れるなど, 指導方法を工夫すること。その際, それらの活動を通じて学んだ内容の意義などについて考えることができるようにすること。また, 特別活動等における多様な実践活動や体験活動も道徳科の授業に生かすようにすること。
> （一部改正小学校学習指導要領　第3章特別の教科道徳　第3指導計画の作成と内容の取扱い2)
> 　　　　　　　　　　　　　　　　　　　　　　　　　（〈　〉内は中学校, 下線は筆者が付す。）

変化とともに, 次第に疎遠になっていきます。定職に就かずふらふらした生活を続けている明夫の様子を見かねた勇太の親父（漁師）の計らいで, 明夫は漁師見習いになります。しかし, 漁が始まると, やる気のなさを見せつける明夫と何も言えない勇太の関係が続いていきます。勇太は, 見かねた親父から「お前らそれでもガキの頃からの付き合いなのか。」と指摘され, 心に重い固まりを抱えたまま出漁することになります。やがて3人を乗せた漁船を嵐が襲います。大きな波のうねりの中に引きずりこまれそうになる明夫を見た勇太は, 思わず明夫の腕を摑んで「明夫, 何しとるっ。」と渾身(こんしん)の叫び声をあげます。この件を境に2人は打ち解けて話すようになっていきます。勇太は, これまで明夫の表面だけを見て, それ以外の何も見ようとしてこなかった自分を悔やみます。やがて, 嵐はおさまり, 2人は顔を見合わせて, がっちりと手を握り合います。

　従来から行われていた登場人物への自我関与（登場人物の判断や心情を自分との関わりで考える）の授業では, 中心発問で「勇太は, どんな思いで明夫の手をがっちりと握りしめたのでしょう。」と, 明夫の手を握りしめる勇太の心情をじっくり聞いていきます。生徒からは, 「もとの2人に戻れてよかった。」「本音で語り合えるようになった。」「これからは2人で助け合って生きていこう。」など, 多面的・多角的な反応が出てきます。

　これに対して, 問題解決的な学習では, たとえば, 「『明夫の表面だけを見て, それ以外の何も見てこようとはしてこなかった自分が悔やまれた。』とありますが, 勇太は明夫の何を見てこようとしなかったのでしょう。」と発問します。勇太が抱えていたのは, 友情という道徳的価値のことは理解しているが, それを実現しようとする自分とそうできない自分との葛藤から生じた問題です。発問は, そうした問題がどのようにして生まれてしまったのかを考えることにより, 解決に向かおうとするものです。授業では, 「どんな仕事をしてもうまくいかなかった明夫の悩みや苦しみ。」「家庭環境からくる明夫の寂しさ。」「漁師の仕事がうまくできない明夫の悔しさ。」などの発言が出て, 明夫を見ていなかった勇太の姿が浮き彫りにされます。生徒はこれらの発言をもとに, 道徳的価値についての一層の理解や生き方についての考えを深め, 日常生活や今後出会うであろう様々な場面及び状況において, 問題を適切に解決できるような内面的資質を磨いていくのです。

問題解決的な学習に関する発問例は，第4章の「富士と北斎」や第5章の「キミばあちゃんと椿」などでも紹介しています。

問題解決的な学習を行うためのこのような発問は，今に始まったものではありません。これまでから児童生徒に主題とする道徳的価値や生き方についての考えを深めさせるため，教員は，使用する教材や教材に描かれている場面により，その都度効果的と思われる発問を考え，授業を進めてきたはずです。

「『考え，議論する』道徳科への転換」というキャッチコピーのもと，問題解決的な学習がさも独立した学習のようにとらえられがちです。しかし，これまでから伝統的に行われてきた読み物教材の登場人物への自我関与の学習や問題解決的な学習，道徳的行為に関する体験的な学習は，それぞれが独立した学習の方法ではなく，授業の流れ中で，それぞれの利点を活かしながら使い分ければよいのです。

ところで，問題解決的な学習では，ペアや少人数グループでの学習が多く見られます。しかし，ここには大きな落とし穴があることを見逃してはなりません。ペアや少人数グループでの学習により児童生徒は活発に意見を述べ合います。ところが，ここで出てくる意見には児童生徒の直観的で短い意見が少なくなく，問題解決的な学習が目指している児童生徒が生きる上で出会うであろう道徳的問題を多面的・多角的に考える話し合いになりにくいことがあるのです。

たとえば，定番教材の「カーテンの向こう」⁽¹¹⁾で説明してみましょう。「カーテンの向こう」は，イスラエルの病院が舞台です。病院の一室では治る見込みがほとんどない患者が古株を先頭に窓際のベッドから順に横たわっています。患者たちは窓際のベッドにいるヤコブから外の様子を聞いて生きる希望をつないでいました。やがて2番目に古株となった私（主人公）は，ヤコブが死ねばいいと思うようになります。ある夜，とうとうヤコブは亡くなります。願いがかなった私が窓際のベッドに移り，カーテンの隙間から眺めた外の景色は，ただの冷たいレンガの壁だったのです。

「カーテンの向こうは，なんと冷たいレンガの壁だった。」という最後の一行がなんとも衝撃的です。この教材では，中心発問で「私はレンガの壁に何を見たのでしょう。」と聞く授業が多くみられます。この発問によりグループでの話し合いを行ったとします。生徒からは，「醜い自分の顔。」「ヤコブの思いやり。」「ヤコブが嘘をついていたわけ。」など多面的・多角的な意見が活発に出てきます。しかし，これらの意見はまだまだ生徒の直感的な意見だと考えられます。この程度の意見交換であれば，生き方についての考えを深める授業だとは言えないでしょう。「活動あって学習なし。」とのそしりを受けない工夫が必要になってきます。

この発問に対して，たまに「ヤコブの笑顔。」という反応が出ることがあります。この反応も直感的で短い言葉です。しかし，この反応には教材が主題にしている「よりよく生きる喜び」に迫ることができる手がかりが含まれています。一斉学習

の場合では、教員は「何を笑っているの。」と問い返すことにより、「『こんどは君がやる番だよ。』と言って笑っている。」「『僕の思いにやっと気がついたね。』と言って笑っている。」などの反応を引き出し、人間には自らの弱さや醜さを克服する強さや気高く生きようとする心があることに気づかせ、人間として生きることに喜びを見出そうとする実践意欲を育てようとしていきます。

ところが、グループによる学習では、こうした反応は冗談と受け止められてグループ内で取り上げられないことがあったり、グループの意見を学級全体で交流するときに外されてしまうことがあったりするのです。ペアや少人数グループでの学習を行う場合には、こうした点に配慮し、グループ内で出た直観的な反応にはその意図を聞き合ったり、学級全体での交流では出てきた意見をできる限り正確に発表させて一斉学習で深めるなど、生き方についての考えを深めていく工夫が必要なのです。

問題解決的な学習や体験的な学習を行う場合に、絶対に忘れてはならない大切なことがあります。それは、表1-4に示したように「指導のねらいに即して」ということです。道徳科のねらいは、道徳的な判断力、心情、実践意欲と態度という内面的資質を育てる時間です。「こんな時はこうすればよい。」「こんな時はこうすべきだ。」といった行動を育てる時間ではないのです。ペアや少人数グループによる学習を行う場合でも、そうした授業形態が目的化してしまわないように、指導のねらいに即して授業を組み立てることを忘れてはなりません。

4　児童生徒をどう評価するのか

これまで多くの教員には道徳を評価してきたという印象がほとんどなかったことでしょう。このことは、道徳の教科化にあたって、大きく変わるのは評価だと答える教員が少なくないことからもわかります。

評価に関して一部改正学習指導要領の規定を表1-5で示してみました。ここには「数値などによる評価は行わないものとする。」という記述がありますが、この記述は1998（平成10）年の学習指導要領改訂によってはじめて示されたもので、今回新たに示されたものではありません。そもそも、第3章には道徳について評価そのものを行うことが示されていません。もっとも、国語や社会といった各教科の評価についても同様にそれぞれの章節に評価することは示されていません。

では、各教科等の評価をすることについてはどこに示されているのでしょうか。表1-6に注目してみましょう。ここには「児童〈生徒〉のよい点や進歩の状況などを積極的に評価する（以下略）」と明示されています。学習指導要領では、評価

第1章 教科化で何が変わるのか

表1-5　道徳科の評価

> 4　児童〈生徒〉の学習状況や道徳性に係る成長の様子を継続的に把握し，指導に生かすよう努める必要がある。ただし，数値などによる評価は行わないものとする。
> 　　　　（一部改正小学校学習指導要領　第3章特別の教科道徳　第3指導計画の作成と内容の取扱い）
> 　　　　　　　　　　　　　　　　　　　　　　　　　　　〈　〉内は中学校を示す。）

表1-6　評価に関する総則の記述

> ⑾⟨⑿⟩　児童〈生徒〉のよい点や進歩の状況などを積極的に評価するとともに，指導の過程や成果を評価し，指導の改善を行い学習意欲の向上に生かすようにすること。
> 　　　（一部改正小学校学習指導要領　第1章総則　第4指導計画の作成等に当たって配慮すべき事項2）
> 　　　　　　　　　　　　　　　　　　　　　　　　　　　〈　〉内は中学校を示す。）

を行うことを総則で示すことによって，すべての教科等で評価を行うことにしているのです。しかも，この記述も道徳と同様1998（平成10）年の学習指導要領改訂から変わっていません。

　つまり，道徳については，他の教科等と同様，これまでから評価をすることになっていたのです。では，教員がこれまで道徳の評価をしてきたという印象がないのはどうしてでしょう。それは，学習指導要領の構成によるのです。

　道徳が教科化されるまでの学習指導要領では，第3章は「道徳」でした。第3章には道徳の時間と学校の教育活動全体を通じて行う道徳教育についての目標や内容等が示されていました。したがって，第3章に示されていた評価についても道徳の時間だけの評価ではなかったのです。たとえば，「学級委員として主体的にクラスをまとめる活動を行い，その責任をよく果たしています。」のように，児童〈生徒〉指導要録の「総合所見及び指導上参考となる諸事項」欄や通知表の所見欄などに書いていることが道徳の評価をも兼ねていたのです。

　道徳が教科化され第3章が「特別の教科　道徳」となったことにより，第3章は道徳科のみについて記述することになりました。したがって，評価は，道徳科について「数値などによる評価は行わないもの」としながら，「よい点や進歩の状況などを積極的に評価する」こととなったわけです。

　では，実際に道徳科の評価はどのように行えばよいのでしょうか。

　2015（平成27）年3月に一部改正学習指導要領が告示された後，文部科学省では「道徳教育に係る評価等の在り方に関する専門家会議」による10回に及ぶ審議ののち，2016（平成28）年7月に各都道府県教育長らに通知を出しています。以下は，この通知等をもとに述べてみることにしましょう。

（1）何をどう評価するのか

　まず，道徳科については「数値などによる評価は行わない」わけですから，「育むべき資質・能力を観点別に分節し，学習状況を分析的に捉えることは妥当ではな

い」ことが大前提になります。道徳科の評価は，各教科で行っているような観点別評価ではなく，「児童生徒がいかに成長したかを積極的に受け止めて認め，励ます個人内評価」として「記述式」で行うことになるのです。

　次に，道徳科の授業は，「よりよく生きるための基盤となる道徳性を養うため，道徳的諸価値についての理解を基に，自己を見つめ，物事を〈広い視野から〉多面的・多角的に考え，自己〈人間として〉の生き方についての考えを深める学習を通して，道徳的な判断力，心情，実践意欲と態度を育てる。（〈　〉は中学校を示す。）」ことを目標として行うわけですから，評価もこの目標に沿って行わなければなりません。しかし，いかに教員であろうとも児童生徒の内面的資質である道徳性を評価することは容易ではありません。そこで，通知では，「学習活動において児童生徒がより多面的・多角的な見方へと発展しているか」「道徳的価値の理解を自分自身との関わりの中で深めているか」といった点を重視することにし，目標に示されている学習の状況について評価することにしたのです。

　したがって，道徳科の評価は，児童生徒が学習活動において多面的・多角的な見方へと発展しているか，あるいは道徳的価値の理解を自分自身との関わりの中で深めているかといった点に注目して，記述式で個人内評価として行うことになるわけです。

（2）何をもとに評価するのか

　評価は何をもとにして行えばよいのでしょう。評価は1時間1時間の授業の積み重ねの結果，「個々の内容項目ごとではなく，大くくりなまとまりを踏まえた評価」をすることになります。実際には，1時間1時間の授業における児童生徒の発言や会話，授業の終わりに書かせる感想文などを蓄積しておき，一人一人の児童生徒の学習状況や道徳性に係る成長の様子を把握していくことになります。ただ，授業中の生徒の発言や会話を詳細に記録しておくことは，実際上難しいと言わざるを得ません。したがって，授業後の感想を中心に，授業中の発言や会話については特筆すべきもののみを記録して蓄積していくのが現実的だと言えるでしょう。

　評価は児童生徒が学習活動において多面的・多角的な見方へと発展しているかや道徳的価値の理解を自分自身との関わりの中で深めているかといった点に注目して行うわけですから，教員は，授業における児童生徒の発言や会話，感想などについても，こうした視点から把握しておく必要があります。

　特に，授業の最後に書かせる感想文については，様式を工夫することも必要になります。

　「自分にも置き換えてみると，おばあちゃんがいるので，大事にしなければと思った。たまに怒ることもあるけど，おばあちゃんは頑張っているので控え目にしようと思った。『ありがとう』と改めて思った。少しでもできることがあればやって

表1-7 感想文用紙例

```
「○○○○○○○○（教材名）」
              年  組  氏名

「○○○○○○○○」の授業を通して感じたこと、考えた
こと、友達の発言から発見したことについて書いてください。

[ 記入欄 ]

《今日の道徳を振り返って、あてはまるところに○を付けて
ください》
                     たいへん←ふつう←まったく
今日の学習は考えるところがあった   5 4 3 2 1
自分の考えをしっかり発表した       5 4 3 2 1
友達の発言から発見することがあった 5 4 3 2 1
生きていくうえでの考えが深まった   5 4 3 2 1
```

表1-8 学期末のアンケート例

```
         1学期を振り返って
              年  組  氏名

1  1学期に行った道徳科の授業で、印象に残った教材を3
   つ挙げなさい。また、その理由を簡単に書きなさい

| 教材名 | 理 由 |
|        |       |
|        |       |
|        |       |

2  道徳科の授業を通して、自分の考えや生き方が変わって
   きたなと感じることがあれば書きなさい。

[ 記入欄 ]
```

いきたい。」これは、家族愛を主題とした定番教材「一冊のノート」[13]の授業で生徒が書いた感想文です。

この感想文に見られるように、道徳的価値の理解を自分自身との関わりの中で深めている感想は容易に出てきます。しかし、児童生徒が多様な感じ方や考え方に接することにより、多面的・多角的な見方へと発展させていることを窺わせる感想はそう多くはありません。

表1-7では、児童生徒が多面的・多角的な見方へと発展させているかどうかを見取るために、感想欄に「友達の意見から発見したこと」も書かせるよう指示し、用紙下段では、「友達の発言から発見することがあった」という設問を設け、5段階で答えさせるようにしています。

感想文用紙にアンケート形式の設問を設けておくことは、授業のねらいが達成できたかどうかをはじめ、授業の組み立てや教材の選定など、教員自身が自らの授業を振り返って評価することにも役立ちます。

評価を行うには、このように1時間ごとの授業の感想文等を蓄積していくほか、「一定のまとまりの中で、児童生徒が学習の見通しをもって振り返る場面を適切に設定しつつ見取ること」も必要です。たとえば、各学期の終わりに表1-8のようなアンケートを実施して、児童生徒に自らの学習状況や道徳性の成長の様子を自己評価させることにより見取っていきます。そうすることにより1

時間1時間の学習では気づきにくい児童生徒の変化を見ることもできます。

（3）指導と評価の一体化

　ここまで評価について述べてきましたが，忘れてはならない大事なことがあります。それは，あくまでも授業が先で，評価が先ではないということです。教員は，評価をするために授業をするのではありません。評価は授業をした結果として，児童生徒の成長の様子や自らの授業を振り返るために行うものです。

　評価を行う際に重要な資料になるのは児童生徒の感想文です。ところが，児童生徒が提出する感想文は，教員の授業の組み立てにより少なからず影響を受けます。教員が期待する感想が得られるかどうかは，教員自身の授業力にかかっているわけです。

　たとえば，「個性の伸長」を主題にした「虎」[14]という中学生用の教材があります。あらすじはこうです。ひょうきんな性格で人を笑わせるのが得意だった深井八輔（主人公）は，役者にあこがれ劇団に入ったが，35歳を超えても舞台で道化を演じているに過ぎず，今回も虎の役を振り当てられていました。ところが，ある日，息子に動物園に連れて行ってほしいとせがまれ，「はっ」するものを感じます。おりの前で虎と対峙し続けた八輔は虎の気持ちに同化し「そうだ。思い切って虎になってやるぞ。」と決意します。舞台初日，八輔の迫真の演技に観客は沸き返り，喝采が随所に起こります。舞台裏に引き上げた八輔は，不意にすがりついてきた息子を抱きしめて涙します。

　「虎」の授業では，中心発問で，舞台裏に引き上げてきて涙する主人公の心情を聞くことにより，「自分に合った役が見つかった。」「この役は俺にしかできないのだ。」などの発言を引き出し，問い返しによる対話を通して，「個性を伸ばして充実した生き方」を追求していくことを考えていきます。

　中心発問で，「八輔は，どんな思いで『そうだ。思い切って虎になってやるぞ。』と言ったのでしょう。」と聞いている授業がありました。「虎になりきって，一番うまい虎を演じる。」「虎の気持ちがわかる自分なら，きっとできる。」「主役じゃなくても頑張るぞ。」などの活発な発言がありました。しかし，それらの多くは，個性の伸長というよりは，「希望と勇気，努力と強い意志」について発言したものが多かったのです。授業後の感想にも，「あきらめたらだめだということを改めて知ることができたのでよかったと思います。私は『虎』を見て，これからは何事にもチャレンジして，何事にもあきらめずに，一歩一歩前の段階に進んでいこうと思うことができました。」などのように「希望と勇気，努力と強い意志」についての感想が多くみられました。中心発問を行う場面の違いによって生徒の反応や感想は変わるのです。

　この教材では，最初に出てくる「ひょうきんな性格で人を笑わせるのが得意」な

主人公の性格や適性をまずしっかり押さえておくことも，中心発問で主題となっている道徳的価値について考えさせるためのポイントになります。

児童生徒の感想は，教員の授業の組み立てによって大きく左右されることがあります。それだけに教員は，まず授業づくりに力を注ぐことが大切なのです。

適切な評価は，授業の成否にかかっているのです。

注

(1) 「学校教育法施行規則の一部を改正する省令の制定，小学校学習指導要領の一部を改正する告示，中学校学習指導要領の一部を改正する告示及び特別支援学校小学部・中学部学習指導要領の一部を改正する告示の公示並びに移行措置等について」（通知）2015年3月27日，文部科学事務次官
（http://www.mext.go.jp/component/a_menu/education/micro_detail/__icsFiles/afieldfile/2015/03/27/1356310_1.pdf）

(2) 「いじめの問題等への対応について」（第一次提言）2013年2月26日，教育再生実行会議
（http://www.kantei.go.jp/jp/singi/kyouikusaisei/pdf/dai1_1.pdf）

(3) 「今後の道徳教育の改善・充実方策について（報告）」2013年12月26日，道徳教育の充実に関する懇談会
（http://www.mext.go.jp/b_menu/shingi/chousa/shotou/096/houkoku/__icsFiles/afieldfile/2013/12/27/1343013_01.pdf）

(4) 「道徳教育に係る教育課程の改善等について」（答申）2014年10月21日，中央教育審議会
（http://www.mext.go.jp/b_menu/shingi/chukyo/chukyo0/toushin/__icsFiles/afieldfile/2014/10/21/1352890_1.pdf）

(5) 「道徳教育の抜本的改善・充実」2015年3月，文部科学省
（http://www.mext.go.jp/b_menu/shingi/tosho/105/shiryo/__icsFiles/afieldfile/2015/07/07/1358774_04.pdf）

(6) (4)の「1 改善の方向性，(1)道徳教育の使命」2～3頁

(7) 「小学校学習指導要領解説　総則編（抄）」2015年7月，文部科学省
（http://www.mext.go.jp/component/a_menu/education/detail/__icsFiles/afieldfile/2016/08/10/1375633_5.pdf）
「中学校学習指導要領解説　総則編（抄）」2015年7月，文部科学省
（http://www.mext.go.jp/component/a_menu/education/detail/__icsFiles/afieldfile/2016/08/10/1375633_7.pdf）

(8) 「小学校学習指導要領解説　特別の教科　道徳編」2015年7月，文部科学省
（http://www.mext.go.jp/component/a_menu/education/detail/__icsFiles/afieldfile/2016/08/10/1375633_6.pdf）
「中学校学習指導要領解説　特別の教科　道徳編」2015年7月，文部科学省
（http://www.mext.go.jp/component/a_menu/education/detail/__icsFiles/afieldfile/2016/08/10/1375633_8.pdf）

(9) 「『特別の教科　道徳』の指導方法・評価等について（報告）」2016年7月22日，道徳教育に係る評価等の在り方に関する専門家会議，6頁。
（http://www.mext.go.jp/component/b_menu/shingi/toushin/__icsFiles/afieldfile/2016/08/15/1375482_2.pdf）

(10) 文部科学省（2012）『中学校道徳読み物資料集』20～25頁。

(11) 立石喜男「カーテンの向こう」，教育出版『中学道徳　心つないで3』110～115頁。

(12) 「学習指導要領の一部改正に伴う小学校，中学校及び特別支援学校小学部・中学部における児童

生徒の学習評価及び指導要録の改善等について（通知）」2016（平成28）年7月29日，文部省科学初等中等教育局長

　　（http://www.mext.go.jp/b_menu/hakusho/nc/1376204.htm）
(13)　文部科学省（2014）『私たちの道徳　中学校』186～193頁。
(14)　廣済堂あかつき（2016）『中学生の道徳2　自分を考える』12～17頁。

（牧﨑幸夫）

第 2 章
読み物教材の解釈の仕方

1　一部改正学習指導要領の「特別の教科　道徳」の特徴

　本節では主として柴原弘志の論稿⁽¹⁾にしたがいつつ、解説を展開したいと思います。今回の一部改正学習指導要領では、道徳の時間が「特別の教科　道徳」（以下では「道徳科」とする）と改正されることになりました。通知文では「発達の段階に応じ、答えが一つではない課題を一人一人の児童生徒が道徳的な問題と捉え向き合う『考える道徳』、『議論する道徳』へと転換を図るもの」とされています。

　また柴原は別の論稿で、文部科学省は「質の高い多様な指導方法」を要請しつつも、「道徳科の目標をしっかり踏まえたものでなければ道徳科の指導とは言えない」点を指摘しています。つまり、多様な指導法が求められつつも、それはどこまでも道徳科の目標の実現に資する方法であるべきだということなのです。多様な指導法のみが形骸化しないように留意するべきであると主張しているのです⁽²⁾。

(1)「物事を広い視野から多面的・多角的に考える」

　「道徳的諸価値についての理解を基に、物事を広い視野から多面的・多角的に考える」ということについて、柴原弘志は次のような説明を展開しています。小学校でも「多面的・多角的に考える」と示されており、中学校ではさらに「広い視野から」という文言が加えられています。元来、善悪が問われる場面では、なんらかの「道徳的価値」が介在していますが、それは一面的なものではなく、むしろ多面性を含みもっています。たとえば「友情」という「道徳的価値」一つをとってみても、「仲良くする」「助け合う」「信頼する」等の多様な側面があります。それゆえ道徳科で「友情」を扱う場合でも、それぞれの側面から「友情」を捉え理解させることができるのです⁽³⁾。

(2) 道徳科における「問題解決的な学習」について

　道徳科の目標に即した「問題解決的な学習」が具備するべき重要な視点を柴原弘志に従いつつ、筆者なりに特に重要と思われる点を2つに絞ってここで紹介しておきましょう。第一に道徳的価値が介在している道徳的問題であることが前提となるということです。つまり、「問題解決的な学習」と銘打っても、そこに道徳的価値が実現されていなければ道徳科の授業にはならないということなのです。ここが総合的な学習や特別活動との大きな相違点になるでしょう。

　第二に、道徳科においては「自己の問題」として捉え、「主体的」に考えられる問題であることが求められます。つまり、いくら問題解決的な学習といえども、たんなる知的活動としての「問題解決的な学習」では道徳科にはならないということ

です。あくまでも道徳的価値をめぐって，「自我関与」が求められるのです。一人ひとりの児童生徒は，いわゆる「着ぐるみを着て」主人公になりきって道徳的問題を追体験する必要性がでてくるということなのです。[(4)]

（3）道徳授業における「アクティブ・ラーニング」の視点について

　柴原弘志に従えば，道徳科だけにとどまらず，すべての教科に関して，特に次期学習指導要領では，「アクティブ・ラーニング」の視点が避けて通れない重要な課題となります。元来，「アクティブ・ラーニング」で重要な視点は，教育活動をより効果的に改善しようとするものであり，学習方法それ自体が目的化され，特定の具体的方法論に固執してしまっては本末転倒なことになるでしょう。それゆえ，道徳教育の目標や道徳科の時間のねらいの実現に効果的かどうかという「ものさし」抜きには「アクティブ・ラーニング」を語ることは無意味なことになるでしょう。

　道徳科の学習指導の特質は，「生徒一人一人が，ねらいに含まれる一定の道徳的価値についての理解を基に，自己を見つけ，物事を広い視野から多面的・多角的に考え，」「道徳的価値に関わる考え方や感じ方を交流し合うことで」「人間としての生き方についての考えを深める学習を通して，内面的資質としての道徳性を主体的に養っていく時間」であり，「生徒が道徳的価値を内面的に自覚できるよう指導方法の工夫に努めなければならい」（学習指導要領解説　特別の教科　道徳編）と示されています。[(5)]

（4）主体的な学びについて

　今回の中央教育審議会教育課程企画特別部会等での協議を踏まえつつ，柴原弘志は，以下のように考えています。道徳授業（道徳的な判断力，心情，実践意欲と態度を育成するための授業）では，道徳的価値の介在する諸課題に関して，「主体的な学び」となるように自問・内省（自己内対話）によるメタ認知の内容が言語化される必要があります。「メタ認知の内容を言語化する」とは，高い次元の認知，つまり相手の立場になって相手を思いやる配慮のできる道徳的な力をつけることです。そして自他の多様な考え方や感じ方が交流されることによって，物事の正しさや良さに関して吟味するという，批判的思考を集団の中で深めたり共感したりする学習活動（対話的な学び）を展開することを通じて道徳的で，より「深い学び」が可能となるのです。[(6)]

　道徳教育における「主体的な学び」とは具体的にどういうことでしょうか？　私見によれば，それは読み物教材を他人事として考え意見を述べることではなく，主人公になりきったつもりで主人公の「着ぐるみ」をきて，自ら考えた意見を自由に述べることです。

2 横山利弘の「タマゴッチ理論」による道徳教育

（1）生徒指導と道徳の相違点

　学校教育において、道徳教育と生徒指導の関連性については、しばしば議論されるところですが、生徒指導は果たして道徳教育の一部あるいは道徳の実践と言いうるのでしょうか。横山利弘は茶髪の生徒が黒髪に戻ったり、腰パンの生徒が普通の制服に戻ったりする生徒指導を例に挙げています。それぞれの問題が正常に戻ることの大切さを生徒指導の観点から述べたうえで、それではそのことで道徳教育もなしえたのかというと、むしろそこから子どもの「心」の指導――真の道徳教育――が開始されることになるのです。教師はともすると子どもの外的な行動や言葉使いの指導に重点を置きがちになりますが、それでは道徳教育そのものとは言えません。むしろ子どもの内的な心を育てることが道徳教育なのであり、それとの関連で横山は、「タマゴッチ理論」（タマゴッチの形をしているので）と自ら命名している図でその理論を以下のように説明していきます。

　タマゴッチの形をしている上半分に「行動・言葉」を位置づけ、下半分に「心」を設定します。図2-1に従えば、生徒指導は「行動・言葉」から「心」に向かうベクトルでなされる指導であるのに対して、道徳教育は、逆に「心」から出発して、最終的に「行動・言葉」に結実してゆく指導です。つまり道徳の指導は「心」に目線のいく指導でなければならないのです。

　また教師が、道徳の「内容項目」を明確に理解せずに、「タマゴッチ」の上だけ、換言すれば「行動・言葉」だけの道徳の授業しかしていなければ、子どもは納得して教師についてくることはないでしょう。教師は、子どもの「行動・言葉」の裏側にある「心」を推察しなければ、子どもの「心」を本当の意味で把握することにはなりません。その意味で子どもの「心」は、ある程度までは子どもの「行動・言葉」で推測することはできますが、子どものすべての「心」が見えるわけではないので、見えない部分は教師が「信じる」しかないのです。

　このように、教師が子どもの内側の「心」を育てることで、子どもの行動を変えようとする教育的営みこそが「道徳教育」なのです。挨拶をするとか、廊下を走らない等の行動面の指導は、タマゴッチの上半分の領域であり、道徳の本質はタマゴッチの下半分の子どもの「心」への訴えかけにあると言えるでしょう。

（2）いかに道徳的に子どもを育てるのか？

　道徳教育とは、ある意味で人間的魅力を増すための教育であり、「粋な」ふるまいのできる子どもを育成することでもあるのです。道徳教育では、子どもの「心」

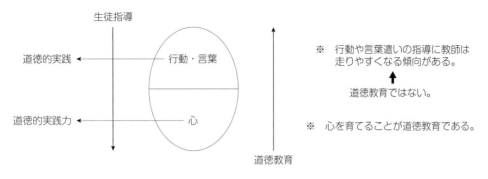

図2-1　横山利弘の「タマゴッチ理論」(9)
出典：「横山利弘先生を囲む道徳教育研究会」での配布教材。

を開くことが大切であるにもかかわらず，現代の子どもたちは「心」から「行動・言葉」に移る壁が厚くなってしまい，その結果，子どもの「心」が素直に「行動・言葉」を表していない状態に陥っていると横山は鋭く指摘しています。つまり，現代の子どもたちは，行動と言葉がそのまま，心を表現していないことから，様々な道徳的問題が生じるのです。その意味でいえば，道徳教育とは，どこまでも子どもの「心」にこだわり，「心」から出発して「行動・言葉」に結実していく教育的営みでなければならないと言えるでしょう。

（3）「道徳的な行動」と「道徳的な心の部分」の相違点

ここで，「道徳的な行動」と「道徳的な心の部分」のちがいについて説明しておきましょう。「道徳的な行動」とはタマゴッチでいうところの上半分の言葉や行動の部分を指し示します。たとえば「廊下を走らない」とか「挨拶をしっかりとしよう」などの子どもの行動を指し示しています。他方で「道徳的な心の部分」とはタマゴッチでいうところの下半分の子どもの「心」の部分を育てることを意味します。読み物教材を読むに際しては，登場人物の「心」を把握する必要があります。

先にも触れたように道徳教育とは，どこまでも子どもの「心の部分」にこだわり，「心の部分」から出発して「行動・言葉」に結実していく教育的営みでなければなりません。それゆえ，道徳科で中心発問をする場合，「主人公は……するべきでしょうか？」というタマゴッチの上半分の言葉や行動を聞くような問い方ではなく，「主人公はどのような気持ちで……したでしょうか？」と心の中を問いかけることによって初めて，「内面的資質」を育てることが可能となるのです。(10)

（4）道徳と特別活動の相違点

その点を道徳と類似の特別活動と比較して考えてみましょう。特別活動において

はジョン・デューイのいわゆる「為すことによって学ぶ」(learning by doing)ことが中心になります。たとえば，特別活動における体験活動等はタマゴッチの上半分の言葉や行動と深く関わりますが，道徳科ではむしろタマゴッチでいうところの下半分の心の部分にこだわるべきなのです。タマゴッチの下半分の心の部分を問う際に，適切な道徳の読み物教材であれば，ちょうどその子どもたちが答えるべき内容が教材中にあえて書かれておらず，子どもたちが主体的に自分の頭で考えて，心の部分を各自なりの言葉で答えざるをえなくなります。しかしそのことによって初めて，子どもの「内面的資質」が深められることになるのです。

　道徳科では，架空ではありますが，きわめて具体的な道徳的状況を子どもに提供する読み物教材を手がかりとして進められていきます。そのために読み物教材の中には，子どもが自分自身の問題として考えられるものが用意されていなければなりません。こうして読み物教材をもとにして，深い道徳科の授業が展開されることになります。

3　横山利弘による道徳教育の基本的な考え方

(1) 人間が道徳的になる時とは？

　横山利弘は「人間が道徳的になる時」と題しておおよそ以下のような説明を2016年頃から自らの道徳勉強会で展開しています。要約してみましょう。

　昨日のままで生きることができるならば，昨日のまま変化せずに生きるのが人間の常です。つまり，自らの身に何も起こらないときには，人は道徳的にならないということです。何か特別な出来事がその人の人生の中に起きて，そのことによって深く道徳的に揺さぶられたとき，あるいは危機的な状況に立たされたときに初めて人は自らの生き方と向き合いつつ誠実かつ真剣に考えるようになるというのです。そして自分に生じたある出来事を通して，人は何かに気づき，よりよく生き始めようとするという考え方をされています。
これを図式化すると以下のようになります。

出典：「横山利弘先生を囲む道徳教育研究会」での配布教材(11)。

　こうした構図こそが，人間が道徳的になる時の基本形ですので，道徳科の中でも上述の出来事が一人の児童生徒の中で起こる必要性がでてきます。そのためには原則的に，道徳科の読み物教材がこうした構図で作られていなければならないのです。その場合，児童生徒が主人公と自分を完全に重ね合わせれば（児童生徒が主人公に

なりきれば）よいわけです。いわゆる「着ぐるみを着た授業」とは，こうした構図のもとで実践されるまさに「自我関与的な道徳の授業」のことを指し示しているのです。

(2) 指導案作成の原型

　当然のことながら，道徳科の授業がうまく展開できるかどうかは，指導案の内容の良し悪しにかかってきます。そこで以下ではいかにして指導略案を書けばよいのかを詳しく説明します。下線部は特に重要な箇所であることを示しています。

ア．教師は初めに，読み物教材の内容を虚心坦懐（きょしんたんかい）に読むことが求められます。どこが中心発問か，どのように質問をしようかと，考えるのは後の作業となるのです。

イ．主として主人公の道徳的変化を読みます。<u>生き方についての考えを深める「前」と考えを深めた「後」がどこかを突き止めます。主人公の道徳的な考え方の変化の「直後」が一般的に，中心発問の箇所となります。</u>

ウ．「道徳科」は，評論家や批判者（冷ややかな第三者的な立場）としての力を育てる場ではありません。心の変化のあった人物に自分が成りきってじっくり考えることが重要なこととなります。比喩的に言えば<u>主人公の「着ぐるみ」を着たつもりで考えることが求められるのです。この点は今回の改訂では「自我関与」</u>という表現で強調されています。

エ．教材の読みについては原則として以下の3点および図表で整理することが可能です。
　　㋐生き方についての考えを深めるのは……………
　　㋑生き方についての考えを深めるきっかけは……
　　㋒生き方についての考えを深めるところは………

先述の

をより具体的にしたものが下に示された図2-2です。これに関しては，後に実際の読み物教材に即しつつ，詳細に説明することになります。

オ．中心発問に対する「予想される子どもの答え」を考えます。子どもからより多くの答えを出し尽くすことが大切な視点となります。そのためにも教師は事前に，子どもたちが発言するであろう答えをあらかじめ考えておく必要があります。なぜなら子どもが不完全な返答しかできない場合でも，何を言いたいのかおおよそ

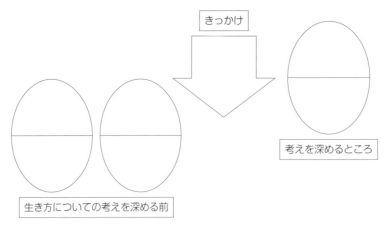

図2-2　教材の読み方のイメージ図

の内容を推察することが可能だからです。教師が,「〇〇〇ということを言いたかったのかな？」と確認してやれることが容易になるからです。

カ．主題名，内容項目，ねらいを確定します。主題名は簡潔に表現すること。例として「親切，おもいやり」「生命の尊さ」「勤労・公共の精神の大切さ」等。
　　内容項目はB—(6)のように表記します。
　　ねらいは，以下のように表記することが望ましいでしょう。
　　<u>主人公の………を通じて，</u>　<u>………しようとする</u>　<u>道徳的実践意欲を育てる。</u>
　　（教材の活用を簡潔に表記）（内容項目から引き出す）（道徳性の要素を入れる）

キ．中心発問以外の基本発問を考えます。この基本発問はあくまでも，子どもたちが中心発問に対して答えやすくするための手段と割り切って，それほど時間をかける必要はありません。基本発問はテンポよく進めて，あくまでも中心発問に十分な時間を割いて，その日の道徳科の主題について，多様で多角的な意見を可能なかぎり出し合い，全員で楽しく共有したいものです。(12)

（3）道徳科で必要とされる心得

ア．教材は，原則的に教師が範読します。なぜなら，子どもが集中して内容に取り組みやすくするためです。子どもたちは眼で教材を読み，教師の範読で耳からも同時に情報を獲得することができるので，より深く読み物教材を理解できるようになります。その際，教師はすべての子どもが読み物教材の話の筋を理解できるように気を配ることが大切で，たとえば，登場人物の声色(こわいろ)にもこだわるぐらいの配慮が求められます。

イ．授業の「導入」部分では，子どもの心をつかむ程度でよく，さらっと流す程度

で十分です。教師が子どもを「のせる」ことがむしろ大切です。むしろ中心発問に15分～20分を使用して，全員が発言できるようにすることが求められます。基本発問は，中心発問に答えやすくするための手段であると割り切って，それほど時間をとる必要はありません。

ウ．道徳科の授業で子どもが道徳的に考えることができるためには，どのように発問を投げかけるかがとても大切なポイントになります。つまり発問の工夫が求められるのです。そこで自我関与的な道徳科の授業での中心発問は，「主人公はどんな思いで～？」「主人公はどのように～？」「主人公はどうして～？」という問いかけが基本となります。「主人公はなぜ～？」という発問はむしろ問題解決型の道徳科の授業で使用することが適しています。教師の工夫した発問に対して，せいいっぱい自分で考えて答えた子どもは，その内容をけっして忘れないものです。子どもは考えようとする欲求を元来もっており，それを大切に育てたいものです。それゆえに教師は，子どもの発言を受け止める力が必要となります。子どもの心の動きにこだわった道徳の授業を心がけたいものです。[13]

第2章 読み物教材の解釈の仕方

◇導入段階
　主題に対する児童生徒の興味や関心を高め，狙いの根底にある道徳的価値の自覚に向けて動機づけをはかる段階です。

◇展開段階
　ねらいの根底にある道徳的価値を理解し，それを児童生徒自らが自分のこととしてとらえ，道徳的価値を自覚する授業における最も大切な段階です。

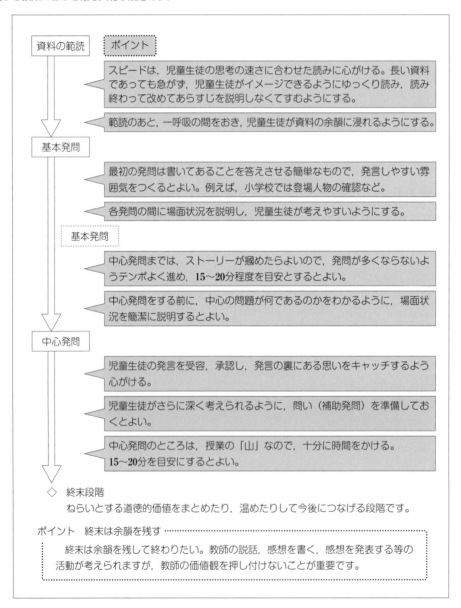

図2-3　道徳の授業展開のポイント

出典：「副読本の効果的な実践のために」，兵庫県道徳教育推進連絡協議会，兵庫県教育委員会，平成25年3月，2頁より抜粋。

4　具体的な読み物教材の解説

　本節では具体的な読み物教材を用いて，横山理論による読み物教材の解説をしていきます。小学校と中学校の代表的な読み物教材を1点ずつ紹介することにします。

（1）小学校1年生対象　「はしのうえのおおかみ」（奈街三郎著）
①「はしのうえのおおかみ」のあらすじ

　一般に小学校低学年の読み物教材は，児童の発達段階に合わせて登場人物がごく限られており，またストーリー展開も単純です。「はしのうえのおおかみ」のあらすじを要約すると次のようになります。一匹のうさぎが，橋を渡ろうとして橋の真ん中へやってきました。そのとき同時に，橋の反対側からおおかみがやってきて，「もどれ，もどれ。」と言ってうさぎを睨みつけたので，うさぎは橋の端まで戻らざるをえなくなります。おおかみはこのいじわるがとてもおもしろくなり，その後も自分より小さくて弱いきつねやたぬきが橋を渡ろうとするときにも同じように，「もどれ，もどれ。」と，自分が橋を先に渡るために，後ろへ追い返してしまうのでした。

　ところがある日，おおかみは橋の真ん中でばったりと，自分よりも強くて大きなくまと鉢合わせしてしまい，おおかみはあわてて，おじぎをしておおかみ自身が「うしろへもどります。おさきにわたってください。」とすごすごと詫びることになります。すると，それを聞いたくまは「それにはおよばないよ。」と返答して，おおかみをひょいと抱き上げて自分の後ろにそっと抱きかかえながら下ろして，お互いが橋を渡りきることができました。そのときおおかみは，くまの後ろ姿を見ながら「なんて優しいのだろう。」と感じ入ることになります。

　そして次の日のこと，おおかみは橋の上で昨日いじわるをしたうさぎにふたたび出会います。痛い目にあったうさぎはあわててひきかえそうとするのですが，そのときおおかみはやさしい声で呼びとめて，うさぎを抱き上げ，自分が昨日くまにしてもらったように，後ろにそっと抱きかかえながら下ろして互いに橋を渡りきることができ，おおかみはいい気持ちになった，という話です。

　さてここで，やさしい「くま」に抱きかかえられることによって初めておおかみは，自分の内面におおらかな優しさが欠けていたことに気づき，おおかみは心を良い方向へ道徳的に変化させる決心ができたのです。実際，おおかみは「くまはなんてやさしいのだろう」と思っています。おおかみは同じ橋でうさぎをだきあげ，自分がくまにしてもらったように行動したことで，主人公のおおかみは道徳的成長を遂げていくことになります。

それゆえ、この教材を使っての道徳の授業では、おおかみの心に目覚めたやさしい「思いやり」について考えを深めさせればよいのです。結果として、子どもたちは、優れた人との出会いによって生き方が大きく変わることを多角的に学び感じることができるようになります。そこで中心発問は、「おおかみは、どのような思いでくまの後ろ姿を見ていたのだと思いますか？」となり、またそこから内容項目は必然的にB—(6)、つまり、相手のことを思いやり、進んで親切にする「思いやり」となります。本教材のねらいは、「自分より弱い相手にいばることで、得意になっていた主人公のおおかみが、くまの優しさにふれ、相手に親切にすることの気持ちよさに目覚める姿を通して、人に大きな思いやりをもって接することのすばらしさについて考え、実行しようとする道徳的実践意欲を育てる」ことにあります。[14]

② 「はしのうえのおおかみ」の教材分析について
（ア）生き方についての考えを深めるのは………おおかみ。
（イ）生き方についての考えを深めるきっかけは……おおかみがくまにやさしくだきかかえられたところ。
（ウ）生き方についての考えを深めるところは………おおかみがくまの後ろ姿をみながら考えたところ。

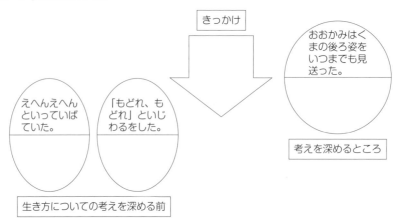

（２）中学校１年生対象「バスと赤ちゃん」（中野茂子著）
① 「バスと赤ちゃん」のあらすじ

　ここでは、門真市立第六中学校（当時）杉江ゆかり教諭の指導案を参考に紹介してみたいと思います。なお、道徳の内容項目等は一部改正学習指導要領を使用したために一部修正しています。

　あらすじは以下のとおりです。混雑したバスの中で、泣きだした赤ちゃんをめぐる母親、運転手、乗客が織りなす短い時間ながらも心が温まる内容の話で、16年の歳月を経ても作者の心に強く残る思い出が素材になっています。12月の寒いある日の出来事で、私（作者の中野茂子さん）の乗っていたバスはたいへん混雑していて

おまけに暖房がききすぎて心地良い状態ではなくなっていました。そのとき，赤ちゃんが大声で泣き出したのです。次のバス停留所に着いたとき，後方から「待って下さい。降ります」と赤ちゃんを抱いた若い母親の声が聞こえてきます。そこで運転手さんが「目的地はここですか？」と聞いたところ，母親は小さな声で「新宿までなのですが，子どもが泣くので，ここで降ります」と返答しました。それを受けて運転手さんは「どうぞ皆さん，少しの時間，赤ちゃんとお母さんを一緒に乗せて行ってください。」とマイクで乗客に呼びかけました。数秒後に，一人の乗客が拍手し，それにつられて，バスの中全体で拍手が起こることになります。母親の乗客への配慮，運転手の母親と赤ちゃんへの思いやり，そして乗客全員の温かい心と思いやり，ひいては公共の精神の連鎖がバスの中全体に充満した教材となっているのです。

　この読み物教材のすばらしさが読み手に伝わるのは，バスの中の人々の「思いやり」が充満しているからであり，そのことが，気配や雰囲気として授業を受ける子どもたちにも十分に理解できるからでしょう。つまり，「お母さん・運転手さん・乗客」のそれぞれの思いやりや公共の精神が，双方向で「トライアングル」（三角形）を形成しています。結果的に，母親の周りへの気遣い，運転手の配慮，乗客の拍手による反応の三者の心情が出て，主題とする社会参画・公共の精神ということについて考えを深めることができます。それゆえ主題はC—⑿の「社会参画・公共の精神」で，ねらいは，「登場人物のそれぞれの優しさに触れ，社会参画・公共の精神の自覚を深め，より良い社会の実現に努める。」となります。

② 本教材の中心発問

　本教材の中心発問は「この光景を思い出すと今でも目頭が熱くなりジーンとしてしまうのは，どうしてなのだろう？」となります。

　それに対して予想される生徒の答えとしては
　・運転手さんの気配りに対して優しさを感じる。
　・乗客のあたたかさに嬉しい気持ちになる。
　・お母さんのほっとした顔が忘れられない。
　・バス全体が優しい雰囲気に包まれていたから。
　・お母さんも，運転手さんも，乗客もお互いが思いやっていたから。
　・母親と赤ちゃんが降りなくてよかった。
　・お母さんの心遣いと運転手さんのやさしさ。
　・皆が相手のことを考える思いやり。
　・皆の心が一つになったこと。
　・お母さん，一緒に乗っていこう。
　・赤ちゃん，皆歓迎しているよ。

等が考えられ，そこに焦点を当ててゆけば，「思いやり」の心を持ち，「公共の精神」が理解できる道徳的心情を高める授業を展開することが可能となるでしょう。

③「バスと赤ちゃん」の教材分析について

　下記の図表等の教材および考え方については，本書編集者の一人である牧﨑幸夫先生から多大なご助言をいただいて作成することができました。ここで感謝の意を表しておきたいと思います。
（ア）生き方についての考えを深めるのは……………作者
（イ）生き方についての考えを深めるきっかけは……乗客の拍手
（ウ）生き方についての考えを深めるところは………目頭が熱くなり，ジーンときます。

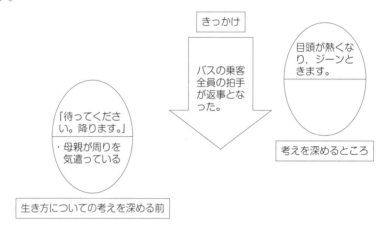

④　考　察
（ア）主人公の作者について，主題とする社会参画・公共の精神ということについて考えを深めます。
（イ）内容項目は，現行では4―(2)の公徳心でしたが，今回，公徳心は規範意識と合体してしまったため，C―(12)の社会参画・公共の精神の方がふさわしいでしょう。
（ウ）中心発問で「何が，私を16年たった今でも目頭が熱くなり，ジーンとさせるのだろう。」と聞くことによって，母親の周りへの気遣い，運転手の配慮，乗客の拍手による反応の三者の心情が出て，主題とする社会参画・公共の精神ということについて考えを深めることができます。

注
(1) 柴原弘志著「道徳授業の質的転換による実質化と充実を目指して」,『中等教育資料』6月号, No. 961 特集「特別の教科 道徳」全面実施に向けて, 文部科学省, 2016年。
(2) 柴原弘志著「〈道徳科における質の高い多様な指導法〉について確認しておきたいこと」『道徳教育』2016年11月号, No. 701, 明治図書, 4～5頁参照。
(3) 柴原弘志著「道徳授業の質的転換による実質化と充実を目指して」17頁参照。
(4) 柴原弘志著, 同前書, 18頁参照。
(5) 柴原弘志著, 同前書, 18～19頁参照。
(6) 柴原弘志著, 同前書, 19頁参照。
(7) 横山利弘監修, 牧崎幸夫・広岡義之・杉中康平編著『楽しく豊かな「道徳の時間」をつくる』, ミネルヴァ書房, 2015年, 27頁参照。
(8) 横山利弘監修, 前掲書, 23頁参照。
(9) 図2-1は横山利弘先生を囲む道徳教育研究会」で配布された資料である。当研究会は毎月1回神戸・大阪・京都で開催されている。2005年9月以来継続し2016年12月の段階で134回を迎えており, 文字通り全国から道徳教育に熱心な先生方が参加されている。
(10) 横山利弘監修, 同前書, 23～24頁参照。
(11) 図2-2は横山利弘先生を囲む道徳教育研究会」で配布された資料である。
(12) 横山利弘監修, 前掲書, 27頁参照。
(13) 横山利弘監修, 同前書, 26頁参照。
(14) 横山利弘監修, 同前書, 30～31頁参照。

参考文献
『中学生の道徳1 自分を見つめる』, 廣済堂あかつき。
『中学生の道徳2 自分を考える』, 廣済堂あかつき。
「はしのうえのおおかみ」(奈街三郎著)『道徳の指導教材1集 第1学年』文部省, 現在は『1ねんせいのどうとく』文渓堂, 2010年度版に収録。
「バスと赤ちゃん」(中野茂子著) オリジナルは「心にしみるいい話」全国新聞連合シニアライフ協議会編 (講談社)。現在『中学生の道徳1 自分を見つめる』(廣済堂あかつき) に収録。
広岡義之編著 (2009)『新しい道徳教育』, ミネルヴァ書房。
広岡義之著 (2011)「道徳の読み物教材における『助言者の構図』概念の類型比較についての一考察」兵庫大学論集16号, 兵庫大学。
兵庫県道徳教育推進連絡協議会 (2013)「副読本の効果的な実践のために」兵庫県教育委員会。
横山利弘著 (2007)『道徳教育, 画餅からの脱却』, 暁教育図書。
横山利弘著 (2007)『道徳教育とは何だろう』, 暁教育図書。
横山利弘監修, 牧崎幸夫・広岡義之・杉中康平編著, (2015)『楽しく豊かな「道徳の時間」をつくる』, ミネルヴァ書房。

(広岡義之)

第3章
自己（人間として）の生き方についての
考えを深める道徳科授業づくり入門
―― 「Q&A」による道徳授業づくりの ABC ――

Q1：道徳科の「読み物教材」の特徴は何ですか？

> A1：道徳科の読み物教材の3つの特徴
> 1）内容が平易であること
> 2）登場人物が少ないこと
> 3）道徳上の「課題」が描かれていること

　「国語科」では，詩や短歌や俳句，小説や物語，論説文や説明文といった様々な教材を使って，各学年段階相応の国語力，読解力を育成します。当然，当該学年の子どもたちにとって，簡単に読み取れてしまうものであっては困ります。何度も何度も読み込んで，内容を理解していく必要があります。一つの教材で十数時間かけることもあります。

　道徳科ですべきことは，1時間の授業の中で，「より良い生き方」について考えることです。したがって，国語科と同じように，何時間もかけて丁寧に読み込んでいる時間的な余裕はありません。自ずと，一読すれば，大体のあらすじがつかめるような平易な内容とならざるを得ません。

　しかし，ここで留意すべきは，内容が簡単だからと言って，取り扱うテーマが簡単だとは限らないということです。道徳科で扱うテーマは「生き方」ですから，大人でも簡単に答えの出せないようなテーマも少なくないのです。また，「登場人物が少ない」のも特徴です。大河ドラマのような群像劇では困ります。どの人物の生き方に焦点を当ててよいか分からなくなるからです。そして，各教材には，必ず，その時間に子どもたちと一緒に考えを深めるべき「道徳上の課題」が描かれているのが特徴です。

Q2:「主人公の生き方に変化のある」教材の授業づくりのポイントは？

> A2:主人公の「道徳的変化」に注目をして「生き方」を考える
> 1)道徳上の主人公（＝道徳的に最も大きく変化した人物）の視点で考える。
> 2)助言者（主人公の「変化」にヒントを与える存在）に注目する。
> 3)「Before & After」の構図で考える。
>> Before ：道徳的な変化をする前の主人公の姿
>> ――（助言者との出会い）――
>> After ：道徳的な変化をした後の主人公の姿
>> 「主人公」は，この物語で，結局
>> ＊「何」に気づいたのか。
>> ＊なぜ，気づいたのか。
>> ＊その結果，どのように変化（≒道徳的価値の自覚）したのか。

　道徳の「読み物教材」には，大きく分けて，「主人公の生き方に変化のある教材」（以下「変化のある教材」）と「主人公の生き方に変化のない教材」（以下「変化のない教材」）があります。

　「変化のある教材」については，行動面での変化まで書かれてあるものと，葛藤や苦悩までしか描いていないものがあります。

　「変化のある教材」の授業づくりのポイントは，既刊の『楽しく豊かな「道徳の時間」をつくる』の第3章の拙稿や本書の他の章においても詳細が書かれていますので，省略するとして，ここでは，「Before & After」の構図に従って，「変化のある読み物教材」の発問を作る場合の留意点について述べたいと思います。

> ＊3つの発問で「道徳的価値」にせまる
> ①「Before」の発問　　　　　（≒課題理解の発問）
> ・主人公の抱えている『道徳的課題』は何か。
> ②「転」又は「After」の発問　（≒中心場面の発問）
> ・主人公は『何』に気づいたのか。
> ③「道徳的価値追求」の発問　　（≒テーマ発問）
> ・本時で学ぶべき『道徳的価値』とは何だろう。

　国語科の教材であれば，各段落（＝各場面）を丁寧に読み取っていくための発問が必要ですが，道徳科の場合は，どんなに長くても，どんなに短くても，2つの場面を中心に問いを作っていくことになります。

　道徳の授業における前半の部分では，まず教材を読み，主人公がどんな道徳的課題を抱えているのかを明らかにする必要があります。

　『わたしたちのどうとく』掲載の小学校1・2年の教材「はしのうえのおおかみ」

第3章　自己（人間として）の生き方についての考えを深める道徳科授業づくり入門

を例に取るならば，はしのうえで他の動物たちに通せんぼをしているおおかみのいじわるに，まず注目させなければなりません。

次に，おおかみがくまと出会って変化した場面を考えさせることで，主人公が，ねらいとする道徳的価値（この作品では「思いやり・親切」）について，どのような気づきを得たのかを考えさせる問いが必要です。

最後の「道徳的価値追求」の発問は，読み物教材を通して学んだ道徳的価値を，自分の生活を振り返らせることで自分との関わりで考えさせたり，1時間の授業の振り返りや感想を書かせて発表させ，交流させたりしながら，自己の生き方についての考えを深めさせたいものです。

> ＊3つの発問で道徳的価値にせまる例：「はしのうえのおおかみ」
> ① 課題理解の発問
> 　○「えへん，へん。」と言って，橋を渡っているとき，おおかみさんはどんなことを思っていたでしょう。
> ② 中心場面の発問
> 　(1)くまさんのうしろすがたをいつまでも見ていたおおかみさんは，どんなことを考えていたでしょうか。
> 　(2)おおかみさんが，前よりずっといい気持ちになったのは，どうしてですか。
> ③ 道徳的価値追求の発問：(授業の感想，または，自分の生活を振り返る)

Q3：「主人公の生き方に変化のない」教材の授業づくりのポイントは？

A3：主人公の「偉業」（＝主人公が変化させた「状況や出来事」）に注目
1）道徳上の主人公（＝偉業を成し遂げた人物）の視点で考える。
2）助言者（主人公の「偉業達成」にヒントを与える存在）に注目する。
3）「Before ＆ After」の構図で考える。

> Before ：（「偉業」を成し遂げる前の主人公の姿）
> ――（助言者との出会い）――
> After ：（「偉業」を成し遂げた後の主人公の姿）
> 「主人公」は，この物語で，結局
> ＊どんなことを「決意」したのか。
> ＊どのように，「努力」したのか。
> ＊その結果，「何」が変化したか。（どんな偉業が達成されたか。）

　最近比較的多く用いられるようになった「伝記・偉人伝」の中には，「変化のない教材」が多くあります。そこで，ここでは，主人公の生き方に変化のない「伝記・偉人伝」について，その授業づくりのポイントを示したいと思います。

　「伝記・偉人伝」には，心の葛藤や自分の弱さが十分には描かれておらず，理想的な生き方をした人物を描いた作品が少なくありません。そのため，子どもたちは，「伝記・偉人伝」の主人公に対しては，道徳科の典型的な教材が描いているような等身大の主人公たちに比べて，自分の生き方に引き付けて考えにくいという難しさがあります。

　ここでは，『私たちの道徳』（5・6年生）に掲載された読み物教材「小川笙船」を例にとって，発問を考えてみることにしましょう（詳細は，第4章参照）。

> ＊3つの発問で道徳的価値にせまる例：「小川笙船」
> ① 課題理解の発問
> 　〇定吉の目からあふれる涙を見て，笙船はどんなことを思ったでしょう。
> ② 中心場面の発問
> 　◎笙船が，医者として大切にしていることは何ですか。
> ③ 道徳的価値追求の発問：（授業の感想，または，自分の生活を振り返る）

　この教材では，笙船がどんな思いで貧しい人々を救うという偉業を成し遂げる決意をし，どのように生き，どのようにその偉業を成し遂げていったのかを考えることで，「自らの役割を自覚し，他の人々と協力して，主体的に責任を果たそうとする」道徳的実践意欲を育むことになります。

Q4：読み物教材の「音読」を子どもにさせてもいいですか？

A4：読み物教材の音読は，授業者が行うべきである。
1）全ての子どもたちが「話の筋」を理解できるように読む。
2）心を込めて，しかし，力まずに。分かりやすく，ていねいに。

　道徳科では，大抵は授業の初めに，授業者である教師が一度だけ範読をして，その内容理解をもとに授業を進めていきます。その一度きりの音読の目的は，全ての子どもに話の大筋を理解させることです。丁寧に読む必要はありますが，教師の感動の押しつけになってはいけないので，あまり感情を込めすぎるのもよくありません。

　小学校ではほとんどありませんが，中学校では，時々，何人かの生徒を指名して音読させることがあります。しかし，初見の教材をいきなりみんなの前で「音読しなさい」と言われても，指名された生徒がうまく読めるとは限りません。そして，また，うまく読めないからといって途中で止めるわけにもいきません。仮に上手に読めたとしても，音読するのに夢中で，その子の頭には，十分に内容は入らないでしょう。やはり，教材の音読は，授業者が行うべきです。

Q5：「通読」または，「分かち読み」のどちらがいいですか？

> A5：原則は「通読」が望ましい。
> 1）結末がわかっていても，子どもたちがしっかりと考える工夫を！
> 2）内容理解のための「分かち読み」は，小学校低学年には有効

　場面ごとに「分かち読み」をして，その度に発問するといった方法がありますが，それをすると，発問の数も増えてしまい，結果的に十分に子どもたちの考えを深められないまま，チャイムが鳴ってしまうということになりがちです。

　また，途中まで読んだところで止めて，続きを予想させ，大いに議論を盛り上げた上で「結末」を示すという意味での「分かち読み」もありますが，その場合，「続きを知っている子が漏らしてしまう」というリスクがあるだけではなく，予想が当たったか外れたかに興味関心が移ってしまい，肝心の「生き方を考える」ということが疎かになる危険性があります。度々そのような読み方をしていると，素直に物語を読まずに，こちらの意図を勘ぐる子どもたちが出てきたりします。

　そもそも，この，途中で止めるというやり方は，授業者が思っているほどには，盛り上げるという点においても，効果的ではない場合が多いのです。というのも，物語を一気に最後まで読んだ時に得られるはずの感動が，度々，朗読が中断されることで薄められてしまうからです。私たちがすべきことは，結末が分かっていても，しっかり考えられる発問上の工夫をすることではないでしょうか。

　しかし，小学校低学年の場合，少し長めの教材の場合等は，内容理解のために行う「分かち読み」は有効です。

Q6：1時間の授業での発問の数はいくつくらいがいいですか？

> A6：授業中に必要な発問の数は3問程度
> 1）他に，補助発問（先行発問，追発問等）がある。
> 2）そのすべては，「中心発問」のための布石

　道徳の発問には，授業展開の柱となる発問（基本発問と中心発問）があります。発問は通常，指導案に明記します。また，発問の中で，特に道徳的価値を深めるための大切な発問を「中心発問」といいます。

　その他に，発問に対する子どもたちの答えを深めるための「補助発問」があります。「補助発問」には，主に「先行発問」と「追発問」があります。「先行発問」とは，ある発問をする前に，そのことに関する予備知識を与えたり，確認したりして，発問を考えやすくする発問（レディネスを作る発問）です。「追発問」は，子どもの答えをさらに深く掘り下げるために問う時や，視点を変えたり，子どもの答えに揺さぶりをかけたりする時に発する問いです。補助発問を指導案に書かないことが多いのは，子どもがどのように答えるかによって，その場で，瞬時に，最も適していると考えられる補助発問をしていかなければならないからです。

　発問の数はできるだけ絞り込んで子どもたちに問う必要があります。目安としては，3問くらいが適切です。それ以上になると，1時間の授業では，十分に深めきれないまま，時間切れになってしまいます。できるだけ絞り込んだ問いをし，それに対する子どもたちの答えをさらに深めながら，学ぶべき道徳的価値に迫るのです。

Q7：「道徳的価値」に迫るための板書の工夫は？

A7：1時間の子どもの思考の流れがわかるような板書を心がける。
1)「ねらい」や「めあて」の示し方には注意が必要。
2) 子どもたちが「考え―発言し―交流する」ことを支援できる板書を。

　各教科では，本時の「めあて」や「ねらい」を最初に板書してスタートすることが多いのですが，道徳科の場合は，本時のねらいとして，たとえば「身近にいる人に温かい心で接し，親切にすること」などと書いてしまうと，子どもたちは自分の本音を隠して，そのねらいの文言に沿った建前を言おうとするかもしれません。「めあて」を示すとしても，示し方には注意が必要です。

　授業の初めに「思いやりについて考えよう」とだけ板書して，各自の思いやり観を問い，1時間の授業の終了時に，再び思いやり観を問うて，授業の前後でその変化が比較できるように書き出すならば，評価を意識した板書として使えます。

　子どもの発言を教師の意図に合うように改ざんして板書するのは問題ですが，一字一句漏らすことなく再現しようとしたり，導入，展開，終末の各段階の全ての答えを書き写そうとしたりするのは，以下の点でさらに問題です。

＊子どもの答えを一字一句洩らすことなく再現することの問題点
① 子どもの答えは，教師の「追発問」によってどんどん変化していくので，どの時点の発言を子どもの「答え」として採用するのかが難しい。
② 全ての子どもの意見を忠実に書き写していると，板書一枚には収まらない。
③ 意見を聞き取り，書き出すのに時間がかかり過ぎて，授業のリズムが崩れる。

　また，正解とも言うべき答えが出てきたら，その都度，その答えだけを赤字で書いたり，線で囲んだりすると，だんだんと教師が望む答えを探すようになるかもしれません。むしろ，ただ，発言順に続けて書いていくのではなく，子どもたちの答えをいくつかのカテゴリーに分類しながら，構造的に板書することで，子どもたちは，より多面的・多角的に学び合うことが可能となります。

　最近では，子どもたちの意見が一目でわかるように，「賛成」または「反対」のところに名前の札を黒板に貼らせたり，小グループの話し合いを小さなボードにまとめて掲示させたりという，子どもの活動と関連させた工夫も見られますが，大切なのは，板書は手段であり，目的ではないということです。活動を板書に反映させたことで満足してしまって，その後の問いかけが疎かにならないように注意が必要です。

　板書は，1時間の授業の中での子どもたちの思考の流れが大体わかれば良いので

す。板書を有効に活用しながら，子どもたちの意見交流を促し，結果として自己の（人間としての）生き方についての考えが深まるような授業を目指しましょう。

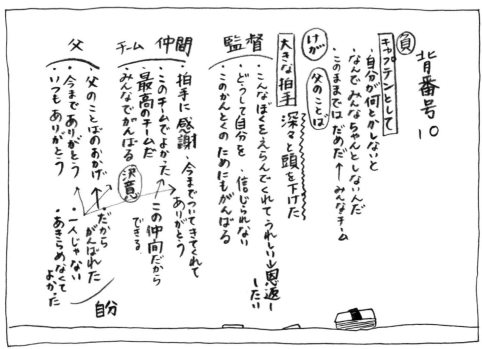

Q8：子どもがなかなか積極的に発言してくれないのですが？

A8：子どもの反応をしっかり受け止める。
1）学級が本音を交流できる場になっているか？
2）予想される反応≠期待される反応（最低5つ以上の反応を予測しておく）
3）「同じ」という答えの微妙な差違を見逃さない。

　まず，全ての前提として，その学級が本音を交流できる学級になっているかを問う必要があるのではないでしょうか。友だちの発言を冷やかしたり，馬鹿にしたりするような雰囲気が学級にある場合，子どもたちは互いに牽制し合ってなかなか積極的に発言できるようにはなりません。学級そのものの在り方を見直す必要があるかもしれません。しかし，この場合は，道徳科の授業だけではなく，どの授業でも同じような現象があるはずです。むしろ，「知っているか・知らないか」「できるか・できないか」を問うのではない道徳科の授業だからこそ，本音でよりよく生きることについて語り合う面白さを味あわせることもできるはずです。そのことを通して，子どもが自信をもって発言できるということを引き出せるかもしれません。そして，それが他の教科の授業にも広がっていけば，学級の雰囲気そのものを変えることにもつながります。

　子どもが積極的に発言するようになるためには，まず，何よりも，日々の道徳科の授業で，授業者である教師が，一人一人の子どもの発言をしっかりと受け止めなければなりません。しかし，子どもたちがどんな答えをしても，それをただ単にうなずいているだけでは，受け止めたことにはなりません。時には問い返し，時には，その子どもの発言をつなげて全体に返していくということも必要です。

　指導案作成段階で，こちらが，ある程度，子どもたちの予想される反応を考えておくことも必要です。その際，授業者の発問に対する子どもたちの予想される反応をいくつか書き出しますが，多くの場合，それが，授業者の期待される反応だけを書いている場合が多いのですが，実際に授業をしてみると，こちらが全く意図していなかったような答えが出てきて，戸惑うことが多いように思います。自分の学級の手強い子どもたちを思い浮かべながら，「この発問にはどのように答えるだろう。」等と考えながら，予想される反応を5つ以上考えてみると良いでしょう。

　もちろん，何十個と書き出したとしても，現実の子どもたちの多様な答えのすべてに対応できるわけではありません。ある程度分類した形で書いておくと良いでしょう。

　子どもたちは，授業中によく，「（前の子の発言と）同じです。」と答える場合が

ありますが，その場合，それを簡単に認めてしまうと，どんどん「同じ」という答えが増えていくことになります。それを否定して無理矢理発言させるというのではなく，「同じ」という発言を認めた上で，「何が同じなのか言ってみて。」や，「自分の言葉でもう一度」といった問い返しでさらに答えさせることで，「同じ」とされる発言の微妙な差違も明らかにできるとともに，自分の意見をしっかりと言えたことに対する自信を芽生えさせることもできるのです。

Q9：「追発問」が，どうしても誘導っぽくなるのですが？

A9：「誘導尋問」ではなく，共に「探求」する問いを。
1）こちらの望む答えにだけ過剰反応しない。
2）子どもの答えを「解釈」し過ぎない。(＝自動翻訳機にならない)
3）子どもの答えの「空白」部分（＝不十分さ）を発問し，子ども自身の言葉で答えさせる。

　笑い話のような話ですが，先日，ある研究授業で，子どもの発言に思わず，「正解！」と言ってしまった授業者がいました。確かに，自分の発言を正解と認定された子どもは，さぞかし自尊感情を高められたでしょう。しかし，正解という点で考えるならば，子どもたち一人一人が真剣に考えて出した道徳の答えは，すべて正解であるはずです。授業前半の読み取りの正解は一つであっても，その後の生き方を問う発問には，無数の正解があって良いはずなのですから。こちらが望む答えだけに過剰反応してしまうと，子どもたちは正解探しにやっきになって，自己の生き方についての考えを深めることが疎かになってしまうでしょう。

　同様に，子どもの答えが拙い場合，授業者があまり解釈しすぎないことが肝要です。こちらが自動翻訳機になってしまうと，子どもたちはますます深く考えなくなり，お客様状態がひどくなってしまうでしょう。

　我々が，道徳の授業ですべき追発問は，決して教師のもっている正解を暗示してそれを当てさせることでも，正解に向けて誘導することでもありません。たとえば，「かわいそう。」と答えた子どもがいたら，「何が『かわいそう』なの？」「どうしてそう思ったの？」等の，さらなる問いかけで，まだその子どもが答えていないこと（あるいは考えていないこと）を指摘し，子ども自身に考えさせ，子ども自身の言葉で語らせることが大切なのです。

Q10：ワークシートの効果的な活用方法は？

> A10：「はじめにワークシートありき」の授業にしない。
> 1）「中心発問」と「授業の感想」にしぼって書かせる。
> 2）教師自身の授業評価として活用
> 3）ポートフォリオで，継続的に子どもたちに返していく。

なかなか発言したがらない子どもに何とか発言させようとして，まず，ワークシートに答えを書かせてから発言させるという手法を取ることもあります。ひどいものになると，授業中の発問全てを事前にワークシートに印刷して，発問毎に書かせてから発表させるというものがありますが，そんなことをしてしまうと，授業が硬直化するだけでなく，教師の発問を聞かずにさっさと自分の答えを書いてしまう子どもたちが出てきます。何よりもこちら側の手の内を明かしてしまうわけですから，子どもたちは授業に対する興味を失ってしまうと言っても過言ではないでしょう。この手法は，子どもたちにしっかり発言させるという点においては，かえって逆効果です。

また，ただでさえ，発言できないのに，ワークシートに自分の正解を書かせてばかりいると，今度はそうしないと，自分の意見が言えなくなってしまいます。しかも，書いたことで安心し，他の意見を聞かなくなるという副作用もあります。書かせたことを発表させてばかりいると，最初に書いた自分の考えを読み上げるだけで，その後，友だちの意見を聞いたりして学び合って，自分の考えを深めるということをしなくなります。「はじめにワークシートありき」はやめましょう。

ワークシートは，中心発問と授業の感想・振り返りにしぼって書かせるのが効果的です。授業のまとめの段階で，今日の授業の感想を書かせて，発表・交流させることで，振り返りに使えるとともに，教師自身の授業に対する子どもたちからの評価としても使えます。また，道徳ノートやファイルに綴っておくことで，ポートフォリオとして，継続的に子どもたちの学びを評価することにも使えます。何よりも，学級通信等で子どもたちに返していくことも可能です。

Q11：小グループでの話し合いの注意点は？

A11：小グループでの話し合いの注意点。
1) 必ず，最後に全体で共有する。
2) 班長（＝リーダー）がまとめない。
3) 一人一人の意見や思いの交流を大切にする。

　学級全体での話し合いではなかなか発言できないような子どもたちでも，小グループでなら，安心して自分の意見が言えるということがあります。そういう意味では，ペア交流や小グループでの討議などには，一定の価値があると言えるでしょう。話し合いが深まる小グループの人数は，4人から6人が良いでしょう。しかし，各班で話し合ったままで終わってしまうと，各班での話し合いの深まり具合がバラバラなままです。小グループでの活動はあくまで手段に過ぎません。必ず，最後に全体で共有する時間を確保する必要があります。

　また，小グループで話し合う時には，多数派や立場の強い者の意見に集約されてしまうことのないように注意が必要です。多様な意見の交流によって，考えを深めることに主眼を置く必要があります。各班の代表が，便宜上，司会進行を務めるとしても，その後，全体交流の時に，班の意見を，班長の一存で「集約」せず，一人一人の意見や思いの交流を大切にしましょう。

Q12：道徳科の「授業」が上達したら，何かいいことがありますか？

A12
① 教師の「授業力」がアップする。
② 子どもに対する「まなざし」が変わる。
③ 子どもとの「信頼関係」を築けるようになる。

生徒指導・学級経営の基礎・基本

1週間でわずか1時間（小学校では45分，中学校では50分）の道徳科の授業で，「友情，信頼」「思いやり，親切」等の主題を深めていくためには，様々な工夫が必要です。そのことと格闘していくことによって，教師の授業力そのものの向上が期待できます。それだけではありません。答えのない，いや，答えの無数にある道徳科の授業では，他の教科以上に，子どもたち一人一人の考えをしっかりと受け止め，尊重しながら，深めていくことが求められます。それを本気で追求していくならば，子どもたちに対するわれわれ教師のまなざしは，受容的で柔らかいものに変わらざるを得ないでしょう。

授業が上手で，しっかりと自分を受け止めてくれる先生なら，子どもたちは自然と心を開いていくはずです。道徳授業作りは子どもとの信頼関係を築いていく一歩でもあるのです。それは，生徒指導や学級経営の基礎・基本でもあります。

次章からは，いよいよ，「実践編」が始まります。掲載されている指導案および授業記録は，それぞれの実践家の格闘の足跡でもあります。それぞれ練りに練ったものではありますが，100点満点のものはありません。なぜなら，教材は同じでも，目の前の子どもたちが変われば，アプローチの仕方は無数にあるからです。大いに参考にしながら，自分なりの授業作りを楽しんでください。

（杉中康平）

第4章
小学校の道徳科の授業をつくる

1 シロクマのクウ〈低学年・A─(5)〉
2 きつねとぶどう〈低学年・B─(7)〉
3 二わのことり〈低学年・B─(9)〉
4 黄色いベンチ〈低学年・C─(10)〉
5 よわむし太郎〈中学年・A─(1)〉
6 絵葉書と切手〈中学年・B─(9)〉
7 ブラッドレーのせい求書〈中学年・C─(14)〉
8 命の祭り─ヌチヌグスージ─〈中学年・D─(18)〉
9 富士と北斎〈中学年・D─(20)〉
10 手品師〈高学年・A─(2)〉
11 背中〈高学年・B─(7)〉
12 ぼくの名前呼んで〈高学年・C─(15)〉
13 小川笙船〈高学年・C─(14)〉
14 青の洞門〈高学年・D─(22)〉

1 シロクマのクウ

① 主題名　希望と勇気，努力と強い意志　A—(5)
② ねらい　魚を捕れないとあきらめかけたが，母の視線を感じて道徳的に変化する主人公を通して，自分のやるべき勉強や仕事をしっかりと行おうとする道徳的判断力を高める。
③ 出　典　『小学校道徳 読み物資料集』文部科学省

1．教材解説

① あらすじ：シロクマのクウはもうすぐ2歳。今日もお母さんと一緒に魚を獲る練習をしているが，うまく獲れない。次の日も，クウはお母さんと魚獲りに行くが，何度やっても捕まえられず，腕も痛くなり疲れてとうとう氷の上に座り込んでしまう。だが，お母さんが見ていることに気付いたクウは，しばらく考え，「よし！」と立ち上がり，狙いを定めて力いっぱい飛び込むと，ついに魚を捕まえることができたのである。
② 教材の読み
　(1) 生き方についての考えを深めるのは……シロクマのクウ。
　(2) 考えを深めるきっかけは……見ているおかあさんに気付いたこと。
　(3) 考えを深めるところは……「よし！」

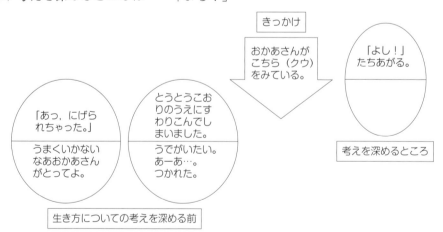

2. 指導のポイント

① 低学年なので，挿絵を活用しながら話の筋が理解できるようにする。ペープサートを用意して動きを取り入れながら進めたり，紙芝居を作って話しながら発問をしていったりすることも考えられる。
② クウがあきらめそうになる場面では，批判的にならないようにさせる必要がある。お母さんに頼りたくなる気持ちは，児童にも経験があるはずである。それを乗り越える主人公に共感させたいところである。
③ クウは「よし！」と立ち上がるのだが，それを黙って見ているお母さんの思いを補助発問で考えさせたい。人間はなかなか一人では頑張れないものである。支えてくれる人がいるから頑張れる。その思いに応えようとするクウの生き方を考えさせたい。
④ 低学年の授業で難しいのが，振り返りの部分である。低学年，とりわけ１年生の段階では，文字を書くことも難しく，思いをうまく表現することはできないであろう。そこで，展開の最後に自分をしっかりと見つめる時間を設定したい。場合によっては文字や絵で自分が頑張っていることを書かせ，一人一人の児童のよさを評価することも考えられる。指導の時期や発達段階に応じて柔軟に対応していくことが大切である。

3. 展開過程

	学習活動	発問と予想される児童の反応	指導上の留意点
導入	・今日の教材の内容について知る。	みんなはシロクマって知っているかな。 ・知っているよ。　・氷の上に住んでいる。	・導入なので，あまり時間はかけない。
展開	・挿絵を見ながら話を聞く。 ・うまく魚が獲れない主人公の心情を理解する。	魚に逃げられたクウは，どんなことを思っていたでしょう。 ・ちっともうまくいかないなあ。 ・おかあさん，とってよ。 ・もう少しがんばってみよう。	・挿絵を出して話をしながら発問する。 ・魚が獲れないときの主人公の心情を理解させる。
	・次の日も魚が獲れないのであきらめかける主人公の心情に共感する。	氷の上にすわりこんでしまったクウは，どんなことを考えていたでしょう。 ・もうイヤだ，うでがいたい。 ・ぼくにはムリなんだ。 ・もうつかれたよ，おかあさんがとってよ。 ・今日は，もうやめようかな。	・主人公に批判的にならないようにさせ，座り込んでしまった主人公の心情に共感させる。

第4章 小学校の道徳科の授業をつくる

展開	・もう一度がんばろうと決心する主人公の判断力を考える。	どう考えてクウは，「よし！」と立ち上がったのだろう。 ・お母さんが見てるからちゃんと練習しなくちゃ。 ・お母さんのためにもがんばらなくては。 ・自分で魚をとれるようになりたいな。 ・自分でとれるようにならないと大人になれない。 ・あきらめないで自分の力でがんばろう。	・主人公を支えてくれているお母さんの存在とその思いも考えさせたい。 捕 お母さんは何も言わないし手伝ってもくれないよね。どうしてだろう。
	・魚を獲ることができて喜ぶ主人公の心情に共感する。	魚が入っているのを見たクウは，どう思っただろう。 ・やったあ。 ・がんばってよかった。 ・お母さん，見て！	・道徳的には決着しているが，お話として心温まる部分なので主人公の心情を考えさせたい。
	・自己を見つめる。	みんなはクウみたいにがんばっていることってありますか。また，これからがんばりたいことってありますか。 ・お手伝いをがんばっている。 ・算数をがんばりたい。	・時間はあまりかけられないが，自分のことについてもしっかり見つめさせたい。
終末	・学んだことや考えたことを書く。	みんな，いろいろがんばっていることやがんばりたいって思っていることがあるんだね。これからもクウみたいに続けていけるといいですね。	・余韻を残して終わる。

4．板書記録

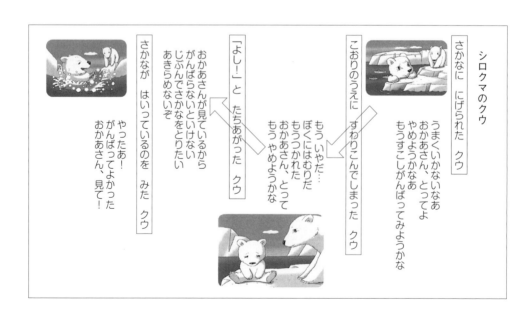

5．授業記録〈中心発問より〉

〈挿絵を出して話をする〉
T ：クウはもう一度飛び込んだね。どう考えてクウは、「よし！」と立ち上がったのだろう。
C1：自分でやらなくちゃって思ったから、飛び込んだと思います。
C2：自分で魚をとらないといけないと思ったからです。
C3：忘れました。
T ：いいよ、忘れることだってあるもんね。
C4：もう一度がんばってみようと思ったから。
C5：自分でお魚をとれないと2歳になったときに困るから飛び込みました。
C6：お母さんが見てくれるからやろうと思った。
C7：お母さんが応援してくれているから頑張ろうって思った。
C8：お母さんの「がんばって」という気持ちが心の中に入ってきたんだと思います。
T ：お母さんの気持ちがクウの心の中に入ってきたんだ。すごいね。
C9：やめようかなと思ったけど、がんばってやろうと勇気が出た。
T ：勇気か。勇気なんて難しい言葉をよく知ってるね。すごいなあ。
C7：自分でとったらお母さんも喜んでくれるかなって思ったからです。
C10：あのね、初め座っているときには心がキュッと小さくなっていたけど、心がパッと明るくなってやってみようって思ったんだと思います。
T ：心が明るくなったんだ。うまいこと言うなあ。
C8：座っているときは心が暗かったけど、今は心が明るくなって、お母さんの気持ちも入って温かくなった。
T ：明るくなっただけでなく、温かくもなったんだ。すごいね。

6．児童の感想

・さいしょはぜんぜん魚がとれなかってあきらめようとしたけれど、さいごはあきらめずやろうとするクウが、ぼくは「すごい」と思いました。
　1がっきできなかった「はっぴょうの声を大きくする」をできるようにすることが、2がっきのもくひょうです。
・あきらめない心や、やればできるという気持ちがわいてきました。ぼくはすぐにあきらめるけど、これからはあきらめないようにします。
・シロクマのクウは、前は魚をとれなかったけど、何回かれんしゅうしたから魚を

とれたと思いました。クウが大きくなったらいっぱい魚がとれると思いました。
・わたしもクウからゆう気やあきらめない気持ちをもらった気がしました。だから，クウみたいにべんきょうや生かつをとくにがんばりたいです。
・クウはあきらめたけど，またやったら魚がとれるかわからなかったけど，はじめて一匹とれてとてもうれしかったと思います。クウはとてもがんばってとったと思って，クウはやる気を出してとれるかとれないか分からなかったけど，やってみたらできたからすごいと思いました。
わたしもクウみたいにがんばろうと思いました。

7．同じ内容項目の他の教材

「小さなど力の　つみかさね」(『わたしたちの道徳　小学校1・2年』文部科学省)
「おふろばそうじ」(『道徳教育推進指導資料（指導の手引）1』文部省)

シロクマのクウ

　シロクマの　クウは，もうすぐ　二さい。きょうも　おかあさんと
いっしょに　さかなを　とる　れんしゅうです。

「あっ，にげられちやった。ちっとも　うまく　いかないなあ。」
「そおっと　ちかづいてから　とびこむのよ。」
「ねえ，おかあさんが　とってよ。」
「どの　こも　二さいに　なると，おかあさんと　はなれて，ひとりで　くらすのよ。
　じぶんで　たべものを　とれないと　こまるでしょう。」
「うん……。わかった。こんどこそ，とって　みせるよ。」

　つぎのひも，クウは　おかあさんと　さかなを　とりに　いきました。
「あっ，あそこに　おおきな　さがなが　いるぞ。それっ！」
　しかし，さかなは　すぐに　にげて　しまいました。ちから　いっぱい
おいかけますが，ちっとも　さかなが　つかまり　ません。
　なんども　なんども　とろうと　しますが，一ぴきも　つかまえられません。
だんだん　うでが　いたく　なって　きました。
「あーあ……。」
クウは　つかれて，とうとう　こおりの　うえに　すわり　こんで　しまいました。

　しばらくして，クウは　おかあさんが　こちらを　みていることに　きが
つきました。

　クウは，しばらく　かんがえて　いました。
「よし！」
　クウは　たちあがると，ねらいを　さだめて，ゆっくりと　さかなに
ちかづきました。そして，ちから　いっぱい　とびこみました。
　ザブーン
　クウが　にぎった　てを　ひらいて　みると，なんと　ねらった　さかなが
はいって　いるでは　ありませんか。
「やった，やったよ！」

　その　ようすを　みて，おかあさんは　にっこり　わらいました。
　クウが　一にんまえに　なるのは，もうすぐです。

2 きつねとぶどう

① 主題名　感謝　B—(7)
② ねらい　ぶどうが生えている理由が，自分を助けてくれた親ぎつねであることを知った子ぎつねの心情を考えることを通して，家族など日頃お世話になっている人々に感謝しようとする道徳的心情を豊かにする。
③ 出　典　『新　生きる力2』日本文教出版

1．教材解説

① あらすじ：　お腹をすかせた子ぎつねのために，親ぎつねは食べ物を求めて三つ山を越えた村まで駆けていく。見つけた親ぎつねは大急ぎで子ぎつねの待つ巣の近くまで戻るが，すぐそばまで猟師と猟犬が来ていることに気づく。「早くにげなさい」と叫ぶ親ぎつねの声に驚いた子ぎつねは山の奥に逃げることができたが，それ以来親ぎつねは戻らなかった。何年か後，子ぎつねは昔住んでいた巣の近くでぶどうの木を発見する。子ぎつねがぶどうを食べると親ぎつねの「おいしいものをとってきてあげるね」という声を思い出し，すべてを理解する。

② 教材の読み
　(1) 生き方についての考えを深めるのは……子ぎつね。
　(2) 考えを深めるきっかけは……おかあさんの声。
　(3) 考えを深めるところは……お母さんにむかって，言いました。

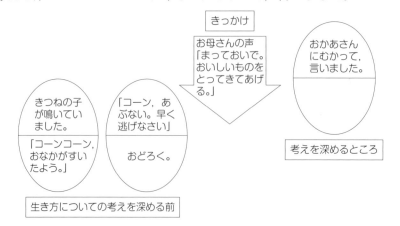

2．指導のポイント

① 基本的には主人公である子ぎつねの心情を追っていくが，内容項目の「感謝」により迫るために，子ぎつねに対する親ぎつねの心情も合わせて考えたい。「どんな思いで『コーン，あぶない。早く逃げなさい』と言ったか」と親ぎつねの気持ちを考えさせることで，親ぎつねの子ぎつねに対する思いが分かり，よりねらいに迫ることができる。

② 低学年の指導なので，展開の後半ではしっかりと価値を押さえたい。「この教材の親ぎつねのように，知らないところで自分たちのことを支えてくれている人がいる」ということをしっかりと押さえることで，最後の発問が「感謝したい人」から「心から感謝したい人」に焦点が絞られ，より深く考えることができる。

③ この教材は関連する内容項目として「C—⒀家族愛」が挙げられる。なぜなら，この教材には，無私の愛情で子ぎつねを育てる親ぎつねが描かれているからである。授業では，子どもたちの「家族愛」への気づきも大切にするとともに，そこから感謝の気持ちにつなげていく授業展開を行いたい。

3．展開過程

	学習活動	発問と予想される児童の反応	指導上の留意点
導入	・今日の教材の内容について知る。	今日はこんな2匹のきつねが出てくるお話です。	・挿絵を使い，授業への意欲を高める。 ・導入なので，あまり時間はかけない。
展開	・教材の範読を聞く。 ・登場人物を把握する。 ・お腹をすかせた子ぎつねの心情に共感する。 ・親ぎつねの声を聞いて，逃げ出す子ぎつねの心情を考える。	・子ぎつね　　・親ぎつね　　・猟師 「おいしいものをとってきてあげるね」と聞いた子ぎつねはどんなことを思っただろう。 ・おいしいものって何だろう。 ・うれしい。楽しみだ！ ・早く帰ってきてね。 「こーん，あぶない。早く逃げなさい」と聞いた子ぎつねはどんな思いで逃げたのだろう。 ・どうしたの？何があったの？ ・急いで逃げなくては。 ・お母さんは大丈夫なのかな。 ・お母さんごめんなさい。	・教材を範読し，登場人物を押さえる。 ・登場人物を確認させる。 ・親ぎつねが帰ってこない子ぎつねの気持ちを考えさせる。 ・先に子ぎつねに対する親ぎつねの思いを考えさせる。 ・「親ぎつねはどんな思いで早く逃げなさいと叫んだのだろう。」と親ぎつねからも聞く。

第4章　小学校の道徳科の授業をつくる

展開	・おかあさんに対する子ぎつねの心情を考える。	「おかあさん，ありがとう。」と言いながら，子ぎつねは心の中でどんなことを話しかけたのだろう。	・ありがとうの内容にも深く迫っていく。（「何に対してありがとうかな？」）
		・お母さんに会いたいよ。 ・僕のためにごめんね。 ・僕のためにありがとう。 ・お母さんの分も生きていくよ。	
	・今までの自分の経験を振り返り，価値を深める。	今日の子ぎつねのように，心からありがとうと思ったことはありませんか？	・この教材の親ぎつねのように，知らないところで自分たちのことを支えてくれている人がいることを押さえてから発問する。
		・いつも朝早く起きして，お弁当を作ってくれるお母さんにありがとうと思っている。 ・登校の時に立ってくれている地域の人にありがとうと言いたい。	
終末	・学んだことや考えたことを書く。 ・教師の話を聞く。	今日の気持ちを，ぜひ言葉にして相手に思いを伝えられるとよいですね。	・道徳的実践につながるように声をかけて終わる。

4．板書記録

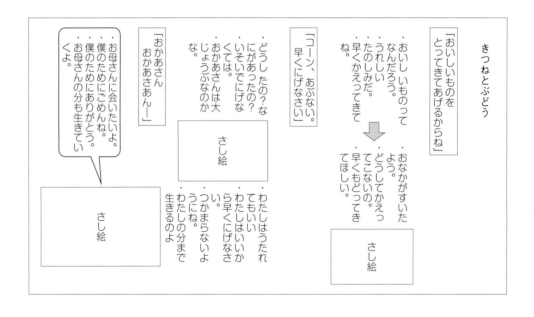

5．授業記録〈中心発問より〉

T：「おかあさん，ありがとう。」と言いながら，子ぎつねは心の中でどんなことを話しかけたのだろう。
C1：助けてくれてありがとう。ぶどうおいしかったよ。

T ：なるほど。（他の児童を指す。）
C2：わたしも美味しいぶどうありがとうです。
C3：自分を犠牲にしてまで美味しいぶどうをありがとうです。
C4：どこに行っちゃったの？
C5：美味しいぶどうをありがとうです。
C6：お母さん，いっしょに食べたかったよ。
C7：遠くまで行ってくれてありがとう。
　T ：なるほどね。ちょっといいかな？　今親ぎつねへのたくさんのありがとうが出たよね。（これまで出たありがとうの意見に線を引きながら）この他にも親ぎつねへのありがとうはあるかな？
C8：初めの時に「美味しいものをとってくるね」と言ってくれてとってきてくれたから，約束を守ってくれてありがとう。
　T ：なるほどね。最初のことも覚えていたんだね。すごい。
C9：早く逃げなさいって言ってくれてありがとう。
　T ：もう少し詳しく言ってくれる？
C9：早く逃げなさいって言ってくれたから死ななかったし，自分の命をなくしてまでも守ってくれたからありがとうって言ったと思います。
C10：いくつも山を登って行って，またいくつも山を登って戻ってきてありがとうだと思います。だって，あんなに登って帰ってきたのに猟師がいることも教えてくれてありがとうだと思う。
　T ：そうだよね。いくつもだもんね。すごい。たくさんのありがとうがあることがわかりました。子ぎつねは，心の中でたくさんの感謝をしていたんだね。

6．児童の感想

・すごくかんどうしました。おかあさんがあんなに子どものことをおもっているということがわかりました。

・きょうのがくしゅうでおもったことは，おかあさんのあいをかんじました。いつもたすけてくれるおかあさんにありがとう。

・キツネのおかあさんがやさしいとおもいました。おかあさんが「こーん，はやくにげなさい」といって，じぶんをぎせいにして子どもをたすけたのがやさしいとおもいました。ママにありがとうをつたえたいです。

・ふだんはおかあさんとかおとうさんにありがとっていえないけど，ありがとっていいたいことはたくさんあります。

・ふだんはきづかないけど，しらないうちにこんなにいいことをしてもらっているのだとおもいました。かぞくの中にこんなふかいきずながあるとおもってかんげ

きしました。もっとかぞくにありがとうをいってだいじにしたいです。
・おとうさんとおかあさんにはなかなかありがとうといえないから，いえるときがあったらいいたいなとおもいました。

7．同じ内容項目の他の教材

「じぶんがしんごうきに」（『どうとく2　みんな　たのしく』東京書籍）
「ふえをふいて」（『みんなのどうとく　2年』学研）

きつねとぶどう

　山の　中の　きつねの　すで，子ぎつねが　ないて　いました。
「こーん，こん，おなかが　すいた。」
　すると，親ぎつねが　いいました。
「まって　おいで。今　おかあさんが　おいしい　ものを　とって　きて　あげる。」
　親ぎつねは，村へ　いって　ぶどうを　一ふさ　とって　こようと　かけて　いきました。一つ　山を　こえ，二つ　山を　こえ，三つの　山を　こえて，やっと　村へ　つきました。
「おなかが　すいて，子どもが　ないて　いるのです。すみませんが，ぶどうを　一ふさ　いただきます。」
　親ぎつねは　そう　いって，ぶどうの　木から，大きな　ふさを　一つ　とると，大いそぎで　山の　方へ　もどりました。一つ　山を　こえ，二つ　山を　こえ，三つの　山を　こえて，すは　もう　すぐ　ちかくに　なりました。
「こーん，こん。」
　子ぎつねの　なき声が　きこえます。るすの　間，ぶじで　いて　くれるかと　しんぱいして　いた　親ぎつねは，あんしんしました。すると，きゅうに　つかれが　出て　きました。そして，一本の　木の　下に　おもい　ぶどうの　ふさを　おいて，休みました。
　その　ときです。すぐ　そばで，わんわんと　犬の　声がしました。りょうしが　犬を　つれて，もう　そこに　きて　いるのです。
（たいへんだ。子ぎつねが　あぶない。）
　親ぎつねは，大きな　声で　さけびました。
「こーん，あぶない。早く　にげなさい。」
　子ぎつねは　びっくり　して，あなを　とび出し，山の　おくへ　にげて　いきました。

　それから　何年　たったでしょうか。ながい　月日が　たちました。親ぎつねは，とうとう　かえって　きませんでした。
　おかあさんを　さがして，山の　中を　あるいて　いる　うち，子ぎつねは　大きく　なりました。
　ある　とき，子ぎつねは，むかし　おかあさんと　すんで　いた　すの　ちかくへ　やって　きました。すると，一本の　木の　下に，たくさんの　みごとな　ふさを　つけた　ぶどうが　はえて　いました。
「こんな　ところに　ぶどうが　あったかしら。」

子ぎつねは，ふしぎに おもいながら，その 一つぶを たべました。なんと おいしいことでしょう。子ぎつねは，つぎから つぎへと ぶどうを たべました。
　しかし その とき，ふと おかあさんの 声(こえ)を おもい出しました。
(まって おいで。おいしい ものを とって きて あげる。)
　すると，そこに ぶどうの なっている わけが わかりました。
　子ぎつねは，今(いま)は どこに いるのか わからない おかあさんに，声をあげて おれいを いいました。
「おかあさん，ありがとう。」

　　　　　　　　　　　　　　　　　　　　　　　（坪田譲治 作による）

3 二わのことり

① 主題名　友情，信頼　B—(9)
② ねらい　友だちを喜んで迎えるやまがらの姿を見た時のみそさざいの心情を通して，友達と仲よくし助け合おうとする道徳的心情を育む。
③ 出　典　『どうとく1　みんな　なかよく』東京書籍

1．教材解説

① あらすじ：みそさざいは，やまがらから誕生会に招待されていた。やまがらの家は山奥の寂しい所にあるため，他の小鳥たちは音楽会の練習が行われるうぐいすの家にいってしまう。みそさざいは迷った末にうぐいすの家に行ったが，やまがらのことが頭から離れず，途中でそっと抜け出しやまがらの家に向かう。みそさざいは，うれしそうに話すやまがらの姿を見て「やっぱり来てよかった。」と思った。

② 教材の読み
　(1) 生き方についての考えを深めるのは……みそさざい。
　(2) 考えを深めるきっかけは……やまがらの家を訪れたこと。
　(3) 考えを深めるところは……「ああ，やっぱりきてよかった。」と思った場面。

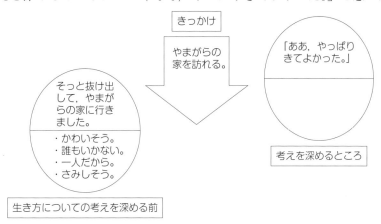

2. 指導のポイント

① 導入は極力簡潔に行いたい。小学校低学年であることから、教材の世界に入りやすくするため、教材の内容にかかわる鳥の玩具を使用することも考えられる。

② 考えを深める場面では、やまがらの喜ぶ姿を見たみそさざいの心情を考えさせる。子どもの発言として、一人にしてごめんねという謝罪や、よろこんでくれてありがとうという意見が予想されるが、考えさせたいことは友情についてである。子どもの発言の中から友情に関する意見を活かし、考えを深めることが重要である。

③ 発達段階を考慮すると、ねらいとする友情・信頼を児童の生活と結びつけることも必要である。ただし、教材で考えたことが活かされず、これからの行動目標を宣言するにとどまることにならないようにするため、友だちについて児童から出た意見を活かし、教材との段差を感じさせない流れで価値について考えることを意識することが大切である。

3. 展開過程

	学習活動	発問と予想される児童の反応	指導上の留意点
導入	・教材を読む。 ・登場したものの確認をする。	今日は「二わのことり」というお話です。どんな鳥が出てきたかな。 ・みそさざい…うぐいすの家に行ったあとやまがらの家に行った。 ・やまがら（誕生会、遠くてさびしい所） ・うぐいす（音楽会の練習、明るくきれいな所）	・教材を範読する。 ・導入は簡潔に行う。 ・鳥の模型を見せ、教材に興味を惹きつける。 ・登場したものと状況の確認をし、読み取りの誤りを修正する。
展開	・うぐいすの家を抜け出した時のみそさざいの心情を考える。 ・やまがらの喜ぶ姿をみた時のみそさざいの心情を考える。	「そっとぬけだして、やまがらのいえへいきました。」どんなことを考えてそっとぬけだしたのかな。 ・やまがらさんがかわいそう。 ・やまがらさんが悲しんでいる。 ・うぐいすさんの家には他の友だちがいる。 ・友だちだからいかないといけない。 ・自分だけでもいこうと思った。 「ああ、やっぱりきてよかった。」どうしてこのように思ったのかな。 ・誕生日に一人でかわいそうだったから。 ・やまがらさんは悲しかったと思ったから。 ・やまがらさんが喜んでくれてうれしかったから。 ・やまがらさんは友だちだから。	・なぜ心配するのだろうかという問いかけなどを取り入れながら、みそさざいの友だちとしての思いを想起させたい。 ・みささざいはやまがらを訪れる必要があったのか、一人ではいけないのかなど、児童の考えを揺さぶりながら、友だちという意識を持たせた

		・友だちなのにやまがらさんを一人にして悪いなと思ったから。 ・やまがらさんのことを考えてあげられたから。 ・やまがらさんとこれからも友だちでいられるから。	い。
	・友だちについて考える	友だちってどういう人だろう。 ・やさしい人。　・一緒に遊んでくれる人。 ・困っているときに助けてくれる人。 ・一緒にいると楽しい人。 ・大切にしたいと思う人。	・友だちについて考える中で，教材で考えた価値と実生活との段差を少なくするように心がけたい。
終末	・授業を振りかえって感想を書く。		・教材を通して考えた友だちついて自分の考えを表現できるよう，感想を書かせたい。

4．板書記録

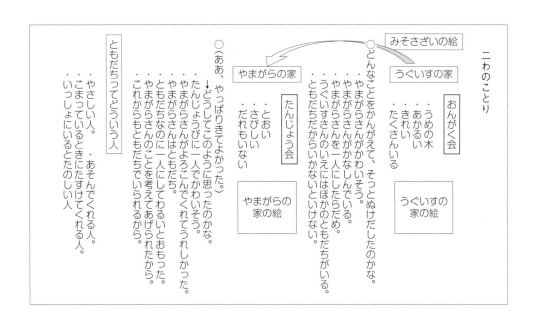

5．授業記録〈中心発問より〉

T：「ああ，やっぱりきてよかった。」のやっぱりがよくわからないのだけど，教えてくれますか。

C1：さみしそうだったから。

C2：だれもいなかったから

T：だれもいなくてもいいのではないかな。だめですか。

C3：お誕生日会はだれかいたほうがいいから。

T：どうしてですか。
C4：一人の誕生日会は面白くないから。
T：なるほど。では人がいれば楽しくなるのかな。
C5：楽しくなる。
T：なぜ楽しくなるのだろう。一人でも楽しくなれるのではないかな。
C6：一人ではだめ。友だちがきてくれないとお祝いしてもらえない。
C7：さっきは少しいやな気持だったけど，楽しい気持ちになったから。
C8：さっきは心配かけてごめんねと思ったから。
C9：自分が誕生日の時に友だちが来ないとさみしいから。
T：皆さんそう思いますか。
C：(思います。)
T：友だちがこないとどうしてさみしいのだろう。近くの人と少し話してみましょう。
T：(会話後) では，聞いてみましょう。
C10：友だちがくるとわくわくするから。
T：なるほど。友だちがくるとどうしてわくわくするの。友だちにわくわくするボタンがあるの。
C：(笑い)
C11：いっしょに話ができるから。
T：なるほど。でも知らない人でも話せるよ。
C：(友だちじゃないとだめ)
C12：友だちがくれば誕生日を祝ってくれる。
T：ということはみなさん友だちがいたほうがいいということかな。
C：(いた方がいい。)
T：では，友だちはどうして大事か教えてください。
C13：困ったときに助けてくれる。
C14：やさしくしてくれる。
C15：遊んでくれる。
C16：話しかけてくれる。
C17：仲良くしてくれる。
T：今日は「二わのことり」というお話をとおして，友だちはいいなということをみなさんと考えることができました。

6．児童の感想

・ともだちのことをかんがえた。みささざいさんがどうしてやまがらさんのいえに

いったのかをかんがえた。どうしてともだちがいるとたのしいのかかんがえた。
・やまがらさんはさびしかったけど，ともだちがきてうれしかった。
・ともだちがいたらうれしい。ともだちがいるからたのしい。
・ともだちはやさしくてたすけてくれる。あそんでくれる。はなしてくれる。
・ともだちがいなかったらあそぶひとがいなくなる。一人になったらとてもさびしい。
・ぼくはやさしいともだちがだいすき。ともだちがいればたのしい。

7．同じ内容項目の他の教材

「およげないりすさん」（『わたしたちの道徳　小学校１・２年』文部科学省）
「ゆっきとやっち」（『小学校どうとく　いきるちから１』日本文教出版）

二わ の ことり

　　きょうは，やまがらの　たんじょうびです。　もりの　ことりたちは，みんな　よばれました。
　　けれども，やまがらの　いえは，とおくの　さびしい　ところに　あります。みんなは，やまがらの　いえには　いこうと　しません。
　　きょうは，うぐいすの　いえでも，おんがくかいの　れんしゅうが　あります。
　　みんなは，
「うめの　きの　ある，あかるい　きれいな　うぐいすさんの　いえに　いこう。」
　と　いいました。
　　みそさざいは，どちらに　いこうかと　まよって　いましたが，みんなと　いっしょに，うぐいすの　いえへ　いきました。
　　そのうちに，みそさざいは，
（みんな　こちらに　きて　しまって，やまがらさんは　さびしいだろうな。）
と　おもいました。
　　とちゅうから　そっと　ぬけだして，やまがらの　いえへ　いきました。
「やまがらさん，たんじょうび　おめでとう。」
　と，みそさざいが　いうと，
「よく　きて　くれましたね。きょうは，もう　だれも　きて　くれないのかと，おもって　いたんです。」
　　やまがらは，うれしそうに　いいました。
　　みそさざいは，
（ああ，やっぱり　きて　よかった。）
と　おもいました。

　　　　　　　　　　　　　　　　　　　　　　　　　（久保　喬 作による）

4 黄色いベンチ

① 主題名　規則の尊重　C―⑩
② ねらい　雨上がりの公園で、黄色いベンチから紙ひこうきをとばしていたたかしとてつおが、後でそこに座って服を汚してしまった女の子を見て心情を変化させることを通して、約束やきまりを守り、みんなが使うものを大切にしようとする道徳的実践意欲を育む。
③ 出　典　『わたしたちの道徳　小学校1・2年』文部科学省

1. 教材解説

① あらすじ：雨上がりの公園で、たかしとてつおは黄色いベンチの上に何度も何度も上がって、夢中で紙ひこうきをとばした。二人ともぬかるみでくつがどろだらけだが気付かない。疲れた二人がブランコに乗っていると、五歳くらいの女の子が黄色いベンチに座ってスカートを泥だらけにしてしまい、おばあさんがふいているのを見てしまう。二人は、「はっ。」として顔を見合わせた。

② 教材の読み
　(1)　生き方についての考えを深めるのは……たかし、てつお。
　(2)　考えを深めるきっかけは……女の子の服を汚したことに気づいたこと。
　(3)　考えを深めるところは……「はっ」として顔を見合わせたところ。

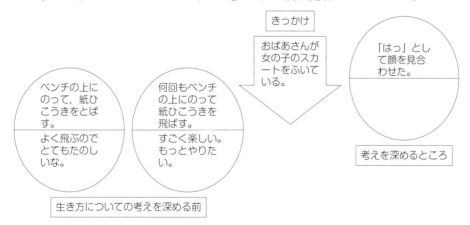

2．指導のポイント

① 公共物には，みんなで気持ちよく使うためのルールやマナーがある。今まで，身近な大人から，それらを一つずつ具体的に教えられることはあっても，対象が違う物や場になると，自分でそれらに気づくことは低学年の発達段階では難しい。この教材は，知らず知らずのうちに，誰かにいやな思いをさせているかもしれないということに気付いたり，今まで教えられてきた学校内でのきまりや公共物に対するルールやマナー等の意味を考えたりすることができる教材である。

② 低学年の児童の中には，教材の内容が読み取れず，二人がなぜ「はっ。」としたのかわからない場合も考えられる。板書の掲示物等を工夫し，ぬかるみでくつが泥だらけになったことや，そのくつでベンチに何回もあがったために，ベンチがかなり泥だらけになってしまったことを視覚的に理解できるようにしたい。

③ 教材の最後は，たかしとてつおが「はっ。」として顔を見合わせたところで終わっている。つい続きを考えさせたくなるのだが，二人が謝りに行った，行かない等の別の道徳的価値に深入りしてしまい，この教材で考えさせたい本来のC—⑽の道徳的価値とポイントがずれてしまうおそれがある。児童から「女の子とおばあさんにあやまった方がいい。」という意見が出た場合には，二人がなぜ謝るのかその理由へとつながるような問い返しをすることで，何が良くなかったのかというC—⑽の道徳的価値へと戻ることができる。

3．展開過程

	学習活動	発問と予想される児童の反応	指導上の留意点
導入	・本時の教材について知る。	今日は，みんなと同じような元気な二人の男の子が出てきます。	・主人公が自分達と同じような普通の子であるということを押さえておく。
	・範読を聞く。 ・自分と重ね合わせて考えられるようにする。 ・描かれている道徳的問題となる場面を理解する。	ベンチが汚れていたことに二人は，気がついていたのでしょうか。 （気がつかなかった） ・気がついていなかったと思う。 ・楽しくってわからなかったと思う。	・教材を範読する。 ・主人公の二人のどちらかを選び，それぞれのセリフを言わせる等，児童がお話に入れるようにする。 ・ベンチがどんどんよごされていることを先に押さえておく。 ・どちらの意見も，理由を聞くことで，きまりが守れないのは

展開	・ベンチを汚していたことに気づいた二人の心情を考える。 ・公共物を使うときに気を付けなければならないことを考える。	（気がついた） ・ちょっと気がついたと思う。 ・気がついたけど，まあいいかなと思った。 ・すごく楽しいから，だめだと思ったけどやめられなかった。 ・あとから，大変なことになると思わなかった。 たかしとてつおは，「はっ」としてかおを見合わせた時，どんなことを考えていたのでしょう。 ・しまった。女の子のスカートをよごしちゃった。 ・ぼくらが，黄色いベンチをどろだらけにしたから，女の子とおばあさんに迷惑をかけた。 ・女の子や黄色いベンチに悲しい思いをさせた。 黄色いベンチは，みんなで使うものですね。このお話を読んで，皆さんは，どんなことに気をつけたらいいと思いますか。 ・みんなで使うものは，よごしたらだめ。 ・自分もうっかりしていて，同じようなことをしてしまったことがある。今度から気をつけたい。 ・はじめに気がつくのは難しいけれど，次は同じようなことをしないと思う。自分もこれからは人に迷惑をかけたり，いやな思いをさせてないか気をつけようと思う。	なぜなのかと考えさせるきっかけとしたい。 ・二人が特別というわけではなく，自分達も同じようなことをやってしまっていることに気づけるようにする。 ・みんなで使う物のきまりを守らないとどのようなことが起こるのか理解できるようにする。 ・ベンチだけでなく，公共物全体についても考えさせたい。 ・公共物に対するきまりには，使う人みんなに対する思いやりや，それに気づくことができる心が必要であることにも気づかせたい。
終末	・感想を書く。		・友達の意見を聞いて気づいたことや考えたこと，本時での自分自身やともだちのがんばり等について，1つ以上かけるようにする。

4．板書記録

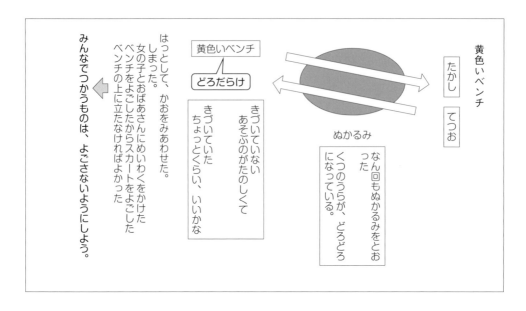

5．授業記録〈中心発問より〉

T：たかしとてつおは，「はっ。」として顔を見合わせた時，どんなことを思っていたのでしょうか。
C1：しまった。女の子のスカートをよごしちゃった。
T：わざとやったのかな。
C2：わざとではない。でも自分たちのせいだと思う。
T：なぜ自分達のせいだと思うの。
C3：ベンチをどろだらけにしてしまったから。
T：そうですね。でも，わざとやったんじゃないからしかたないんじゃないの。
C3：それでもだめだったと思う。
T：何がだめだったのかな。
C4：ベンチの上に，くつで上がったこと。幼稚園の先生にもだめだって言われてた。
C5：女の子とおばあさんに悲しい思いをさせた。
C6：ベンチもかわいそう。

6．児童の感想

・ベンチさんは，「いやだよー，やめてーやめてー」といっているとおもいます。

もし，わたしがベンチだったらいやです。きいろいベンチもよごされたし，女の子もスカートをよごされたので，かわいそうでした。
・ベンチに立ったら，ほかの人のめいわくになるから，ベンチに立ってはいけないことがわかりました。
・マナーがわるいことをしている男の子がでてきました。でも，わざとではなくうっかりやっちゃったのでした。二人とも「はっ。」としてよかったと思いました。たかしくんとてつおくんみたいに，「はっ。」と気づくことがだいじだと思いました。
・これをよんでわかったことは，わるいことをしてはいけないとわかっていても，まちがえてきづかずにしてしまうということがわかった。早めにきづくのはむずかしいものだなと思いました。
・わたしが，たかしくんとてつおくんだったら，ぜったいにつぎからは気をつけるとおもいます。わたしもマナーがわるいことをしちゃったことがあるから，つぎからは気をつけようとおもいます。
・前に弟がすべり台をのぼりはじめて，わたしはそれを止めようとしていっしょにのぼってしまった。このお話と同じように二人の足がたがついてしまい，まわりの人にめいわくをかけたことがあるので気をつけたい。

7．同じ内容項目の他の教材

「おじさんのてがみ」(『みんなのどうとく1年』学研)
「みんなのこうえん」(『みんなのどうとく1年』学研)
「オレンジ色のおいしい木のみ」(『みんなのどうとく2年』学研)
「あぶら山」(『道徳教育指導資料（指導の手引き）4』文部省)

黄色い ベンチ

　ふりつづいて いた 雨が 上がり, 日曜日の 今日は, すっかり よい 天気に なりました。
　たかしくんと てつおくんは, 朝から 近くの 公園へ きのう 作った 紙ひこうきを とばしに 行きました。
「ひくい ところからじゃ, よく とばないよ。」
たかしくんが 言いました。
　見ると, おかの 上に 黄色い ベンチが あります。
「あの ベンチの 上から とばそうよ。」
と, てつおくんが 言ったので, 二人は ベンチの 上から, 紙ひこうきを とばす ことに しました。
　ベンチの 上に のると 高いので, 紙ひこうきは すうっと, 気もちよく とんで いきます。
　雨上がりの 公園には, あちらこちらに 水たまりが ありました。
　二人の くつは どろどろですが, そんな ことには 気が つきません。
　二人は, ベンチに のって, 何度も 何度も, む中で 紙ひこうきを とばしました。
　つかれた 二人は, 少し 休む ことに しました。
　たかしくんが,
「ぶらんこで あそぼう。」
と 言ったので, 二人で ならんで のりました。
　二人は, 立ったまま, ぷらん ぷらんと こぎました。
　あせを かいた 顔に, つめたい 風が 当たって とても 気もちが いいと 思いました。

　そこへ, 五さいくらいの 女の子と おばあさんが やって きました。
　女の子は, 走って きて ベンチに すわり,
「早く 早く。」
と, おばあさんを よびました。
「まあ まあ, こんな どろだらけの ベンチに すわって, スカートが どろだらけですよ。」
　おばあさんは, 女の子を 立たせて, スカートに ついた どろを, ふいて あげて います。
　たかしくんと てつおくんは,「はっ」として, 顔を 見合わせました。

5　よわむし太郎

① 主題名　善悪の判断，自律，自由と責任　A―(1)
② ねらい　自分たちが大切にしている白い大きな鳥の命を助けるために，との様の前に立ち続ける太郎の心を支えるものを考えることを通して，正しいと判断したことは，自信をもって行おうとする実践意欲と態度を育む。
③ 出　典　『わたしたちの道徳　小学校3・4年』文部科学省

1．教材解説

① あらすじ：ある村に体格がよく，力も人一倍ある男がいた。彼は，村の子どもたちに何をされてもにこにこと笑っているため，「よわむし太郎」と呼ばれるようになる。しかし，子どもたちも村に毎年やって来る白い大きな鳥の世話をする優しさを持っている。ある日，との様が狩りにやって来て，この鳥を射ようとする。その時，太郎はとの様の前に立ちはだかり，鳥を守る。そして，この出来事を境に，この村から「よわむし太郎」という名前が消える。
② 教材の読み
　(1) 生き方についての考えを深めるのは……よわむし太郎。
　(2) 考えを深めるきっかけ……との様が白い大きな鳥を射ようとする。
　(3) 考えを深めるところ……殿さまの前に立ちはだかる太郎。

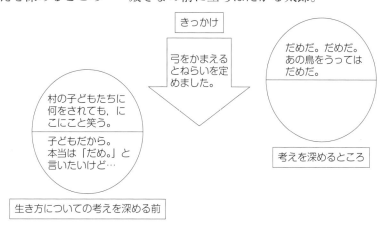

2. 指導のポイント

① 「いいことをしたい気持ちはどうして生まれてくるんだろう？」や「自信が欲しいと思う人はいますか？ それはどうしてですか？」と，導入で内容項目についての自身の捉えを想起させたい。これは児童が主体的に学習に臨むための支援でもある。

② 児童の最大の関心事は「太郎がとの様の前に立ちはだかることができたのはどうしてか」であり，「との様が鳥をとるのをやめたのはなぜか」である。それらを中心に授業を構想することにより，児童は主体的に考え，他の子の言葉に真剣に耳を傾けるであろう。

③ との様の前に出た太郎の気持ちを考える段階で留まることなく，さらに，「そんな気持ちになったのはどうしてだろうね？」と投げかけ，その心のもとを考えさせることで，道徳的価値の本質的な理解という深い学びを生み出したい。

④ 終末でも児童に内容項目についての捉えを明確にさせる。それにより，児童に本時を通して学んだことをまとめさせるとともに，内容項目に対する理解や道徳的思考の深まりに目を向けさせる。

3. 展開過程

	学習活動	発問と予想される児童の反応	指導上の留意点
導入	・本時の主題に対する自分の捉えを想起する。	みんなはいいことをしたいですか？ それとも，悪いことをしたいですか？ ・そんなの，いいことに決まっているよ。 ・だって，悪いことをしたら怒られるよ。 ・でも，悪いことをしてしまうこともあるなぁ……。	・現在の自らの善悪の判断についての考えを見つめさせることで，主体的な態度を促す。 ・ネームプレートを活用して視覚化したい。
展開	・教材を読んで感想を出し合う。 ・本時の中心課題について考える。	どんなことが心に残りましたか？ ・鳥が撃たれそうになった時に太郎が「だめだ」と言うのが，勇気があるなと思ったよ。 ・でも，撃たれそうなのにこわくなかったのかな？ 太郎がとの様の前に立ち続けることができたのは，どうしてだろう？ ・鳥が撃たれたら，子どもたちが悲しんでしまう。（子どもたちは太郎に悪いことをしていたよ。） ・太郎は子どもたちに，との様みたいな人になってほしくないと思っていたんじゃないかな？ ・大人が悪い人だったら，子どもが真似をする。	・教材を範読する。 ・感想をもとに登場人物や出来事を整理する。 ・疑問や感動を出し合う中で，考えたいことを明確にしていく。 ・①個人での思考，②ペアやグループでの対話，③全員での話し合いなど，多様な思考の方法を構想したい。

		㉒との様はどうして撃つのをやめたのかな？ ・太郎の言うことは正しいし，子どもたちのことをすごく考えていたから。 ・太郎の本気がとの様に伝わったんだよ。	・追発問や発言者以外に広げる発問をすることで，対話の中での深い学びを創り出したい。
	・走り寄る子どもたちを見る太郎の心情を考える。	走りよって来た子どもたちを見ながら，太郎はどんなことを考えているだろうね？ ・子どもたちを悲しませずにすんでよかった。 ・この子たちがいい子になってくれたらいいな。	・正しいことは勇気を出してすれば相手に伝わるという思いを持たせることで，実践意欲と態度につなげたい。
終末	・本時の主題についてふりかえる。	今日はこんなテーマで話し合ってきたけれど，どんなことを学んだかな？ ・その人の気持ちが本気だったらちゃんと伝わる。 ・「大事！」って思ったことをするのってやっぱりいいなと思ったよ。	・内容項目についての一人ひとりの多面的理解を促し，自身の成長を感じさせたい。

4．板書記録

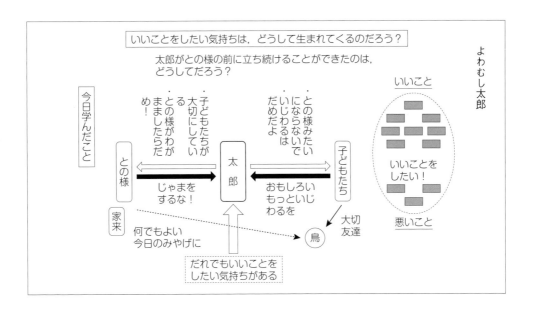

5．授業記録〈中心発問より〉

T：太郎がとの様の前に立ち続けることができたのはどうしてだろうね？
C1：鳥がとの様に撃たれてしまったら，子どもたちが悲しんでしまうからだと思うよ。だって，子どもたちが白い大きな鳥を大切にしていたから。
C2：私も同じで，鳥は子どもたちが大切にしていて，仲の良い友達だから。
C3：太郎も同じなんじゃないかな？　いたずらされていてもにこにこ笑っていた

第4章 小学校の道徳科の授業をつくる

んだから，子どもたちのことが大切なんだと思うよ。
T ：ふぅん，太郎は子どもたちのことを大切に思っていたんだ。でも，あんなにひどいことをいっぱいされていて，それでも大切と思えるのかな？ みんなだったらどう？
C4 ：う〜ん，ぼくだったら，腹が立つなあ。いくら子どもでも。
C5 ：私も腹が立つと思う。だって，この子たちのやっていることはひどすぎるよ。
C6 ：もしかしたら，「仕方ねえさ。」とにこにこ笑っているけど，本当は嫌だったのかもしれないなと思ってきたよ。
C7 ：本当は「だめ！」と言いたかったけど，言えなかったのかも。
C8 ：実はね…。私と妹が同じなの。お姉ちゃんだから，「だめよ。」って言わないとだめって思うんだけど，泣かせてしまったらと思って言えない時があるの。
C9 ：ぼくも同じで，弟がかわいくて，なかなか怒ることができないことがあるよ。
T ：そうなんだ。お兄ちゃんお姉ちゃんとして頑張っているんだね。えらいね。
C10：先生！ みんなの話を聞いていて思ったんだけど，もしかしたら太郎は子どもたちに，との様みたいな人になって欲しくないって思っているのかもしれないよ。
C11：え？ どういうこと？
C12：みんなが言っているように，太郎は，子どもたちに「だめ！」って本当は言わないとだめって思っていたのに，子どもたちがかわいくて，「仕方がない」って思っていたでしょ。
C13：うんうん。
C14：だから，子どもたちの鳥を守りたいって気持ちもあったと思うんだけど，との様のわがままを止めることで，「みんなもいじわるはだめなんだよ。」って，子どもたちに教えたかったんじゃないかなって思うんだ。
C15：へえ！ すごいね。
C16：私，そんなこと思いもしなかったわ。
T ：C16さんと同じで，先生も考えつかなかったなあ！
C17：先生，もしかしたら，太郎はとの様にも教えたかったのかもしれないよ。
T ：え？ どういうこと？
C18：だって，との様って大人の中でもえらい人でしょ？
C19：王様みたいな人だものね。
C20：「そんなえらい人が，えものを獲れなかったからって，子どもたちが大切にしている鳥を撃つなんてことしていたらだめですよ。やめてください。」って。
C21：ぼくたちのクラスで言ったら，先生がわがまま言うみたいな感じだものね。
T ：ははは。なるほどね。それは確かにだめだね！
C22：家来の人たちにも教えたいのかもしれないね。

C23：すごいなあ！　太郎って。
　T：ということは，との様が鳥を撃つのをやめたのは…。
C24：太郎の気持ちが通じたんだよ。「との様，それはとの様がやったらだめですよ」っていう気持ちが。
C25：太郎ってすごいなあ！　やっぱり，よわむしじゃないね。

6．児童の感想

・今日のおべんきょうをして，太郎の教えようっていう気持ちの強さがすごいなと思いました。それと，強い気持ちはちゃんと相手に伝わるんだなと思いました。ぼくは，こうした方がいいのにと思ったりそれはだめと思っても，きらわれたらどうしようと思って言えないことがよくあります。太郎みたいに強い気持ちをもちたいです。
・との様にうたれそうになってもにげなかった太郎がかっこいいなと思いました。自分が思ったことをちゃんとできるってかっこいいです。ぼくも太郎みたいになりたいな。
・太郎の気持ちがとの様にも伝わったし，子どもたちにも家来にも分かってすごいなと思った。いいことをしたい気持ちはどうして生まれてくるのかなって考えたけど，もしかしたら生まれてくるんじゃなくて，強くなるのかな？　って思いました。
・前にぼくが帰りに〇〇くんの家により道しようとした時に，〇〇くんが「だめだよ。」て言ってけんかになりました。その時はいやだったけど，今日べんきょうして，ぼくのために言ってくれたんだなと分かりました。うれしいです。（先生，より道しようとしてごめんなさい。もうしないからね。）

7．同じ内容項目の他の教材

「どんどん橋のできごと（『小学校どうとく　生きる力3』日本文教出版）
「あと，ひと言」（『みんなのどうとく3年』学研）
「キウイフルーツのたなの下で」（『3年生のどうとく』文渓堂）
「ひとみの中に」（『小学どうとく　心つないで4』教育出版）
「二つの声」（『どうとく3　明るい心で』東京書籍）

よわむし　太郎

　昔、ある村によわむし太郎とよばれる男がおりました。
　せはとても高く、力も人一倍あるのに、子どもたちからどんなにばかにされても、ひどいいたずらをされても、にこにこと笑っていました。
　子どもたちは、それをよいことに、
「よわむし太郎。こっちへ来い。よわむし太郎。」
と、いたずらをするのでした。
　ある子どもは、太郎が気付かぬうちに、馬のわらじを太郎のこしにしばり付けて、はやし立てました。
　また、別の子どもは、木の上から、下を通る太郎目がけて真っ赤にじゅくしたかきの実をぶつけ、顔や着物をどろどろによごしてしまいました。
　それでも太郎は、
「子どものことだもの、仕方ねえさ。」
と言って、にこにこと笑っていました。
　太郎は、森の小屋に一人で住んでいました。
　その森には、大きな池があって、そこに毎年、白い大きな鳥が飛んできていました。
　村の子どもたちは、その白い大きな鳥には決して悪さをしませんでした。
　そればかりか、その白い大きな鳥を大切にしていました。
「今日は、十二羽もいるぞ。」
「おれのやったえさを食べたぞ。」
　子どもたちにとって、この白い大きな鳥は仲の良い友達でありました。
　子ども好きの太郎は、もちろんこの池に来ては、せっせとえさをやって世話をしておりました。

　この国のとの様は、たいそう強く、その上、かりが大好きでありました。
　いつもとの様は、家来を連れて野原や山をかけ回り、しかやうさぎ、いのししなどを仕とめておりました。
　あるときとの様は、太郎のいる村の近くでかりをしました。
　山の中を一日中走り回りましたが、この日にかぎって一ぴきのえものもつかまりませんでした。
「ええい。何でもよい。何かつかまえられないかっ。」
　との様はたいそうはらを立てて、大声でどなり始めました。

でも、うさぎ一ぴきあらわれませんでした。
　すっかりおこったとの様は、子どもたちの遊んでいる森の中の池の方まで進んでいきました。
「おお。あそこに白い大きな鳥がいるぞ。これはよい、あれを今日のみやげにしよう。」
　との様は、弓をかまえるとねらいを定めました。
　その時、
「だめだ。だめだ。あの鳥をうってはだめだ。」
　大きな手をいっぱいに広げて、との様の前に立ちはだかった者がおりました。太郎です。
「こらっ、だれだっ。わしのじゃまをするやつは。」
　おどろいた家来たちが太郎をどけようとしましたが、反対に太郎にやられてしまいました。
「どけっ。じゃまをすると、おまえも鳥といっしょに仕とめてしまうぞ。」
　との様は大声を出しましたが、太郎は動きませんでした。
「だめでございます。あの鳥は、この辺りの子どもたちが、毎日えさをやって世話をしているのでございます。子どもたちが悲しみます。どうか、助けてやってください。」
　太郎は両手を広げたまま、目から大きななみだをこぼして、との様にたのみました。
　じっと太郎をにらんでいたとの様は、しばらくすると、ゆっくりと弓を下に向けました。

「おまえが子どもたちを思う気持ちと、その勇気にめんじて、この鳥をとらないことにしよう。」
　との様は、馬にまたがると、しろに向かって帰っていきました。
　どうなることかと心配していた子どもたちは、わっと、太郎の周りに走りよりました。
　池にいるあの白い大きな鳥だけは、何事もなかったように、ゆうゆうと泳いでいました。

　それから後は、「よわむし太郎」という名前は、この村から消えてしまいました。

6 絵葉書と切手

① 主題名　友情，信頼　B—(9)
② ねらい　友達から送られてきた絵はがきの料金不足を伝えるかどうか迷う主人公の心情を通して，友達と互いに理解し，信頼し，助け合おうとする道徳的実践意欲を育む。
③ 出　典　『道徳の指導資料とその利用3』文部省

--- 1．教材解説 ---

① あらすじ：ひろ子のもとに仲良しの正子から郵便料金不足の大きめの絵はがきが届いた。兄は，友達ならば料金不足を教えてあげた方がいいと言うが，せっかく送ってくれた正子の気持ちを考えると返事を書きだすことができない。母に相談すると，お礼だけ言っておけばいいという。迷ったひろ子は，正子ならきっと分かってくれると思い，手紙の最後に料金不足について書き足すことを決めて，手紙を書き始めるのだった。

② 教材の読み
　(1) 生き方についての考えを深めるのは……ひろ子。
　(2) 考えを深めるきっかけは……ひろ子自身の正子への思い。
　(3) 考えを深めるところは……正子に料金不足を伝えようと決めたところ。

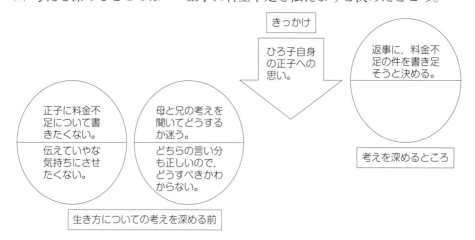

2．指導のポイント

① 定形外郵便について，知らない児童も多い。正子も知らずに送ってしまったことは押さえておくべきだが，定形外郵便そのものの説明に時間をかけすぎないようにする。
② ひろ子と正子は，１年生のときから仲の良い友だち【過去から現在】で，正子の転校によりすぐに会えない【現在】が，正子はひろ子と今後も会いたいと思っている【現在から未来】のである。時間軸に視点を当てて授業を進めることにより，児童は，自身の経験や友だちとの関係を過去，現在，未来へと考え，よりよい友だち関係を築いていこうとする実践意欲へとつなげることができる。
③ この教材には，友達との付き合い方について，兄と母の対照的な考え方が出てくるが，それらを聞いたうえで，ひろ子は，今までの正子との付き合いを思い出し，「きっとわかってくれる」と確信する。ひろ子が正子に対してどういう思いをもって決意したのか，児童が自分自身を振り返りながら考えられるようにしていきたい。
④ ひろ子の思ったことや考えたことが文中にほとんど書かれているため，行動の根底にある主人公の思いを問う発問はできない教材である。ひろ子が，母と兄の考え方や，正子さんが「きっと」わかってくれると思った理由について児童とじっくり考えてみたい。

3．展開過程

	学習活動	発問と予想される児童の反応	指導上の留意点
導入	・本時の教材について知る	定形外郵便って知っていますか。 ・知らない。	・定形外郵便について，大まかなことがわかればよい。
展開	・範読を聞く。 ・お兄ちゃんの視点で，友だちとの付き合い方について考える。	お兄ちゃんの考えと，お母さんの考えそれぞれについて，考えてみましょう。 〔お兄ちゃんの考え〕 ・だまっていたら，また同じことをしてしまう。 ・知っていたのに，だまっていたら，それが分かった時にいやな思いをされてしまう。 ・自分なら教えてもらって，きちんと謝りたい。 ・ちゃんと言わないと正子さんを裏切っていることになる。	・教材を範読する。 ・どちらの考えも友だちの気持ちを思ってのことである。それぞれについて，どう思ったか自分なりに考え，全体で意見を交流することで，友達との関係を多面的・多角的に考えることができるようにする。

展開	・お母さんの視点で、友だちとの付き合い方について考える。 ・ひろ子が正子に料金不足の件を伝えようと決めた理由を考える。	〔お母さんの考え〕 ・正子がせっかく送ってくれたのだから、その気持ちだけで十分うれしい。 ・正子にいやな思いをさせたくない。 ・次に会った時に、直接話したらいいのでは。 ひろ子さんはなぜ「正子さん、きっとわかってくれる」と思ったのでしょう。 ・自分のためを思って、いやなことだけど言ってくれてる。 ・本当の友だちだと思っているから、教えてくれている。 ・自分がまよったこともわかってくれるだろう。	・ひろ子の正子への信頼感を通して、本当の友だちとは、どのような関係なのか考えられるようにする。
	・ひろ子の手紙に込められた思いを通して、友達との在り方について考える。	ひろ子さんの手紙には、正子さんに対するどんな思いがこもっていると思いますか。 ・友達だから、まちがっていることは、きちんと伝えたい。 ・私の気持ちをわかってくれると信じているよ。 ・これからもずっと親友でいてね。 ・私がもし同じように間違っていたら伝えてほしい。	・正子への手紙にこめられた思いを通して、児童が、友だちに対する考えを深められるようにする。
終末	・感想を書く。		・自分の生活を振り返りながら、感想を書けるようにする。

4 板書記録

5．授業記録〈中心発問より〉

T：ひろ子さんが，「正子さん，きっとわかってくれる。」と思ったのは，なぜでしょう。
C1：ひろ子さんが，正子さんのことを信じているからです。
T：どんなことを信じているのですか。
C1：切手が足りなかったよと手紙に書いても，いやがらせで言ったのではないということをわかってくれると思う。
T：似たようなことを思った人はいますか。
（多数挙手）
C2：さっきの意見に付け足しですが，かえって言わない方がだめだと思う。本当の友だちから言われたら，自分だったらありがとうって思うから。
T：いやがらせじゃなくて，かえって「ありがとう」って感じるのですね。なるほど。でも，せっかく喜んでもらおうと思ってはがきを送ってあげたのに，腹が立つんじゃないかな。
C3：違う違う。本当の友達だからこそ，うそじゃなくて本当のことを言ってほしいと思っていると思う。もし，誰か別の人に文句言われたら，「何で早く言ってくれなかったの」ってなると思う。
T：確かにそれはいやですね。それでは，他の意見はありますか。
C4：私は，迷いながら書いたことも正子さんに伝わっていると思う。
T：それはすごいね。なぜそう思うの。
C4：この二人は，1年生の時から，ずっと親友で，私にもそんな友達がいて，今は転校してしまったけれど，不思議とピタッと同じことを考えていることがよくあったから。ひろ子さんも，今までのことを思い出したから，きちんと言おうと思ったと思う。
C5：ぼくも，転校した〇〇くんと今でもよく手紙をやりとりしていて同じようなことがあったからわかる。
C6：自分も同じようなことがあった。（略）
T：こういう関係をなんというか知ってますか。
C7：信用関係…？　うーん，信頼関係？
C8：親友。
T：お母さんが言っているのもそう？
C8：ちょっと違う。
T：お兄さんの考えとは？
C9：多分同じだと思う。

T ：じゃあ最初からお兄さんの言うとおりにしてたらよかったんじゃないの。
C10：それは違う。ひろ子が正子との今までのことを思い出したからわかった。だからスッキリしている。
C11：自分で考えたからよかったと思う。
T ：自分で考えたことに価値があるんですね。

6．児童の感想

- 私にも親友がいて，心がつながっているので，ひろ子さんと正子さんの手紙のやりとりはよくわかりました。
- ひろ子が正子に教えることで，親友というのもふかまるし，信らいする親友で信友にもなると思います。
- ひろ子さんと正子さん二人は，1年生の時から仲がいいからこそ，ひろ子さんは，正子さんの気持ちがわかり，教えてあげる方がいいと思ったと思います。定形外郵便物のことを教えてあげた方が，もっと二人のきずながふかまるんじゃないかなと思います。
- ぼくも，ひろ子のように最強の友達がいて，その友達に何かまちがえがあった時に教えてあげたいと思いました。
- 注意してくれる友達こそが本当の友達だとわかりました。

7．同じ内容項目の他の教材

「なかよしだから」（『どうとく3　明るいこころで』東京書籍）
「祈りの手」（『4年生の道徳』文渓堂）
「泣いた赤おに」（『どうとく4年　きみがいちばんひかるとき』光村図書）

絵葉書と切手

　ひろ子が、学校から帰って、図書室からかりてきた本を読みはじめようとしているときでした。
　げんかんの方から、
「ゆうびんです。ふそくりょう金、おねがいします。」
と言う声が聞こえてきました。
　ひろ子が出て行こうとしていると、ちょうどそこへ高校生の兄が帰ってきました。
「百円ふそくです。」
ゆうびんやさんは、こう言って、兄に一まいのゆうびん物をわたしました。
　兄は、それをうけとると、
「定形外(ていけいがい)ゆうびん物ですね。」
と言って、ゆうびんやさんに百円わたしました。
　兄は、うけとったゆうびん物を　ひろ子にわたしながら、
「うけとり人に、お金をはらわせるのはしつ礼だな。こんなに大きいのは、ゆうびん局では、葉書としてはあつかわないんだよ。定形外ゆうびん物といって、百円切手をはらなければいけないんだ。その人はひろ子の友だちだろう。教えてあげた方がいいよ。」
と言いました。
　それは、九月のはじめ、転校して行った正子からきたもので、ふつうの葉書よりは大きめの絵葉書でした。
　そこには、こうようした高原の中を、一すじの道が白くつづいているけしきがうつされていました。
　ひろ子と正子は、一年のときからのなかよしです。
　あて名の下には、つぎのように書いてありました。
「ひろ子さん、お元気ですか。わたしはこの間、たてしな高原に行ってきました。そのときのけしきが、とても美しかったので、お送りします。来年の夏休みには、ぜひ、とまりに来てください。さようなら。」
そして、
「未納不足(みのうふそく)100円、手数料(てすうりょう)20円を含(ふく)む　松本局」
と書いたゴムいんがおしてありました。
　正子は、ふつうの葉書と同じに考えて出したのでしょう。左上には、二十円切手がはってありました。
　ひろ子は、高原を歩いている正子のことを考え、（わたしも行ってみたいなあ。）

と思いました。
　さっそく，返事を書こうと思って，紙とえんぴつを用意しました。
　ところが，さっき兄の言ったことが気になってきました。
　正子が，せっかく，きれいなけしきを見せたいと思って送ってくれたのに，「百円ふそくでした。」なんて書きたくなかったのです。そんなふうに書いたら，正子はきっと，いやな気持ちになると思ったのです。
　台所で，仕事をしていた母に，そうだんしてみました。
　母は，
「お礼だけ言っておいた方がいいかもしれないね。」
と言ってくれました。
　兄が，そばでそれを聞いていて，
「だめ，だめ，ちゃんと言ってあげた方がいいんだよ。それが友だちというものだよ。」
と言ってゆずりません。
　ひろ子は，まよってしまいました。
　自分のへやにもどって，どちらにしようかと，ひとりで考えました。
　いろいろ考えているうちに，友だちとしてすごしてきたこれまでのことを，なつかしく思い出していました。
（正子さんは，ほかの人にも，この大きすぎる絵葉書を二十円で送るかもしれない。）と考えたひろ子は，手紙のさいごに，百円切手をはらなければならないことを書きたしてあげようと思いました。
（正子さん，きっとわかってくれる。）
　そう思うと，急に気持ちがすっきりして，ひろ子は手紙を書き始めました。

（辺見兵衛　作による）

7 ブラッドレーのせい求書

① 主題名　家族愛，家庭生活の充実　C—⑭
② ねらい　「お母さんのために，ぼくにも何かさせてください」と言ったブラッドレーの気持ちの変化を多面的に考える学習を通して，家族の大切さについて理解を深め，家族みんなで協力しあって楽しい家庭をつくろうとする道徳的実践意欲を育む。
③ 出　典　『わたしたちの道徳　小学校3・4年』文部科学省

1．教材解説

① あらすじ：主人公のブラッドレーは，自分がしているお手伝いに対しての見返りを求め，母に「請求書」を渡す。母は，その請求書通りの4ドルをブラッドレーに払う。しかし，そこにはお金と一緒に，ブラッドレーへの「0ドル」の請求書が添えられていた。ブラッドレーは，母からの請求書を見て，そこに込められた母の愛情の深さや家族に対する優しさに気づく。そして，涙ながらに母に4ドルを返し，「お母さんのために，ぼくにも何かさせてください。」と言うのである。
② 教材の読み
　(1) 生き方についての考えを深めるのは……ブラッドレー。
　(2) 考えを深めるきっかけは……お母さんからの0ドルの請求書。
　(3) 考えを深めるところは……「お母さんのために，ぼくにも何かさせてください。」と言った場面。

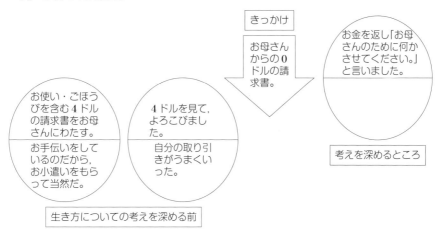

2．指導のポイント

① 主人公に自らを重ね共感し，対話を深めることにより，自己との関わりで家族の深い愛情について理解を深めることが大切である。そのため，指導過程においては，主にブラッドレーへの自我関与を中心にした指導方法を展開していくことがふさわしいと考える。
② 展開では，お母さんの請求書を通して，家族の深い愛情への気づきや，家族の大切さを自己との関わりで捉えようとする価値理解へと考えを深めさせる。そのため，補助発問である「お母さんと僕の請求書の違いは何だろう」を活かしていきたい。
③ 終末では，児童の中で創出された家族の大切さについての理解を基に，児童が道徳的価値を自己の中で発展させ，自己の考えや感じ方を自覚し，実生活において自分から協力し合って楽しい家庭をつくろうとする道徳的実践意欲を高めたい。
④ 評価活動は，主に授業の終末に設定する。その際，ワークシートには，本時における新たな学びや気づきをまとめ，自己内対話を促すために書く活動を通して記述させる。

3．展開過程

	学習活動	発問と予想される児童の反応	指導上の留意点
導入	・お手伝いの経験について想起する。	お家でどのようなお手伝いをしていますか。 ・お風呂洗い　・食器洗い ・ペットの散歩等	・児童の経験を想起させ，本時の学習の方向づけをする。
展開	・教師の範読を聞く。 ・請求書を書いているときのブラッドレーの気持ちを考える。 ・お母さんからのお金と，0ドルの請求書を見たときのブラッドレーの気持ちを考える。	ぼくは，どんなことを考えながら請求書を書いているでしょう。 ・お母さんからお小遣いをもらいたい。 ・欲しいものを買いたいな。 ・お家のお手伝いをしてあげているんだから，お小遣いはもらって当然。 ぼくは，お母さんの請求書を，どんな思いで見ているのでしょう。 ・お金を請求して恥ずかしい。ごめん。 ・ぼくは自分のことだけしか考えていなくて，家族のことは考えてなかった。 ・ぼくのお母さんは，本当にやさしいな。 ・ぼくは，家族に大切にされているな。	・教材を範読する。 ・請求書を書いて，お小遣いに期待する思いを，自分の経験と重ね合わせながら素直な意見として出させたい。 ・ぼくと母の家族に対する思いの違いに気づかせるために2つの請求書を対比できるよう掲示する。

7 ブラッドレーのせい求書

展開	・0ドルのせい求書を書いたお母さんの思いを考える。	・お母さんの思いはお金では買えないな。ありがとう。 ・お母さんは，毎日，多くのことを家族のためにしてくれていたんだ。 お母さんは，どんな思いで0ドルの請求書を書いたのでしょう。 ・家族のためにはお金なんて請求できない。 ・家族のために，お母さんの役割を果たしたい。 ・家族を大切にしたい。 ・お金では買えない思いに気づいて欲しい。	・母の思いを想像させることを通して，母の家族に対する思いや愛情の深さに気づかせたい。 補 ぼくとお母さんの請求書の違いは何だろう。
	・お母さんにお金を返したときのブラッドレーの気持ちを考える。	ブラッドレーは，どんな思いで「お母さんのために何かさせてください。」と言ったのでしょう。 ・これからは家族を大切にしていきたい。 ・家族への協力は，家族を大切にしていることだ。 ・お母さんの思いを受けとめ，家族のために，ぼくがみんなにできることを考えたいな。 ・これからは，お小遣いがなくても，家族のためになるお手伝いがしたいな。 ・家族みんなで協力しあって生活したいな。 ・家族みんなで楽しい家庭をつくっていきたいな。	・0ドルの請求書を見たぼくの思いを想像させることを通して，家族愛に係る価値を自分事として捉え理解を深めさせる。 ・他者と対話し，多様な考えに触れさせ，家族みんなで協力しようとする道徳的実践意欲を高めたい。
終末	・ワークシートにまとめる。教師の話を聞く。	○ブラッドレーの気持ちや行動の変化から，新たに気づいたことや学んだことを書いてみよう。	【評価方法】 ワークシート・発言，観察

4．板書記録

5．授業記録〈中心発問より〉

T：どんな思いでブラッドレーは「お母さんのために何かさせてください。」と言ったのでしょう。
S1：お母さんは，家族のために頑張ってくれていた。だから，お金を請求することはおかしいことだった。ぼくも，家族のために頑張りたい。
S2：家族と協力し合っていきたい。
T：どうして？
S3：みんなで協力したら，家族一人ひとりの仕事が減ってくると思う。そしたら，家族みんなが楽になって生活が楽しくなると思う。
S4：お母さんが家族のことを大切に思って何かをするように，ぼくも思いをこめて家族のために何かしたいと思ったから。
S5：ブラッドレーは，自分のことしか考えていなかった。その時は，自分だけけい思いをしようとしていた。これからは，家族のためにできることをしてお母さんを楽にさせたい。
T：どうして「家族のために」って思うのかな？
S6：家族のみんなのことが，好きだからだと思う。
S7：家族のためにするっていうことは，家族を大切にすることだと思ったから。
T：もう少し，くわしく聞かせて。
S8：お母さんは，こんなにたくさんのことを，ぼくや家族のためにしてくれていた。ブラッドレーは，お金なんかで買えない家族を思うやさしさに気づいたと思う。
S9：お母さんだけじゃなくて，お父さんも家族のことを考えて，家族みんなのためにしていることもいっぱいあるから。
T：なるほど。お母さんだけじゃなく，お父さんも，家族のためにやっていることがあるよね。今，ブラッドレーは，家族のために，どんなことをしようと考えているのかな。
S10：ブラッドレーが，家のことを全てするのは，難しいこともたくさんあるよ。だからお手伝いは，自分から進んでしたいなと思っていると思う。
S11：お手伝いは，ぼくの当たり前の仕事として協力したい。
S12：自分にできることを手伝っていきたいな。
S13：当たり前かもしれないけれど，自分のことは，自分ですることも大切だと思う。
T：よく考えたね。みんなで，ブラッドレーになったつもりで「お母さんのために，ぼくにも何かさせてください。」を読んでみよう。

S全：お母さんのために，ぼくにも何かさせてください。
T　：みんなの発表から，家族の力になろうという気持ちが伝わってきたよ。

6．児童の感想

・ブラッドレーは，お手伝いを自分からやることの大切さに気づいたので，ぼくも，お手伝いをもっとやろうと思いました。そして，お母さんは，家族のためにいろんなことをやってくれています。ぼくは，恩返しをしたいです。
・家族には，子どもが知らない，気づかない愛があるということに気づきました。
・ブラッドレーの請求書の授業を通して，お手伝いは，お金をもうけることを目当てにするのではなくて，家族みんなが笑顔になるためにすることなのかなと思いました。今日から，私も家族のために自分ができることをやっていきたいです。
・お母さんがいつもやっている当たり前のことが，すごく大変なことに気づきました。お母さんは，家族のために色々なことをやっているんだな。やさしいお母さん，ありがとう。
・わたしもブラッドレーと同じように家族のために何ができるかを考えて，そのことを実現できたらいいなと思いました。家族のために，わたしが力になれたら，自分も気持ちがいいし，家族のみんなも気持ちがよくなると思います。
・お母さんがわたした請求書は，ブラッドレーが自分のためではなく，家族のためになることをきっとやってくれると信じて書いた請求書かなと思いました。わたしも，家族のためになるお手伝いや，家族の力になることを自分からしていきたいと思いました。
・今まで，お金より大切なものは，少しくらいかな……と思っていました。でも今は，お金より大切なものがいっぱいあるな……と思っています。それは，家族を思う気持ちです。だから，もっと家族を大切にしていきたいなと思いました。

7．同じ内容項目の他の教材

「母の日のプレゼント」（『みんなのどうとく　3年』学研）
「たまご焼き」（『5年生の道徳』文渓堂）

ブラッドレーのせい求書

　ある朝，ブラッドレーが二階からおりて朝食のテーブルについたときのことです。
　ポケットから，一まいの紙を出すと，お母さんのお皿の横に置きました。
　お母さんは，それを開きました。
　けれども，お母さんは，その紙に書かれていることを本当だと信じることができませんでした。
　ブラッドレーの置いた紙は，次のようなせい求書だったのです。

```
　　ブラッドレーのせい求書
　　　お使いちん　　　　　　　　　１ドル
　　　おそうじした代　　　　　　　２ドル
　　　音楽のけいこに行ったごほうび　１ドル
　　　　合　　計　　　　　　　　　４ドル
```

　お母さんは，にっこりと笑って何も言いませんでした。

　そして，お昼の時間のとき，お母さんはブラッドレーのお皿の横に，四ドルのお金を置きました。
　ブラッドレーはそれを見て，自分の取り引きがうまくいったと考えて，喜びました。
　けれども，そこには，お金といっしょに，一まいの小さなせい求書がありました。
　それには，次のように書かれていました。

```
　　お母さんからのせい求書
　　　親切にしてあげた代　　　　　　０ドル
　　　病気をしたときのかん病代　　　０ドル
　　　服や，くつや，おもちゃ代　　　０ドル
　　　食事代と部屋代　　　　　　　　０ドル
　　　　合　　計　　　　　　　　　０ドル
```

　これを読んだブラッドレーの目は，なみだでいっぱいになりました。
　そしてお母さんの所へかけて行き，
「お母さん，このお金は返します。そして，お母さんのために，ぼくにも何かさせてください。」
と言いました。

8 命の祭り―ヌチヌグスージ―

① 主題名　生命の尊さ　D―⑱
② ねらい　お墓参りで出会ったオバアの話から命のすごさを感じる主人公を通して，生命の尊さを知り，生命あるものを大切にしようとする道徳的心情を豊かにする。
③ 出　典　『どうとく3年　きみが　いちばん　ひかるとき』光村図書

1．教材解説

① あらすじ：初めて沖縄にやってきたコウちゃんが，島独特のお墓参りと島のオバアに出会う。オバアはコウちゃんに「ぼうやにいのちをくれた人はだれネー？」と尋ねる。「それは…お父さんとお母さん？」と答えるコウちゃん。オバアは「いのちをくれた人をご先祖様と言うんだよ」と教えてくれる。お父さんとお母さん，おじいちゃんとおばあちゃん，指を折って数えながらさかのぼっていくと…たくさんの命が自分につながっていることが分かり，コウちゃんは驚く。そして，自分も結婚して子どもが生まれたら，さらに命がつながっていく。

② 教材の読み
　(1) 生き方についての考えを深めるのは……コウちゃん。
　(2) 考えを深めるきっかけは……オバアとの出会い（話）。
　(3) 考えを深めるところは……「ぼくのいのちって，すごいんだね。」

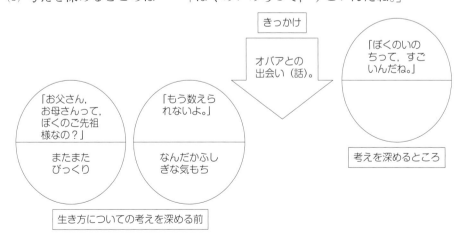

2. 指導のポイント

① 絵本も出ているので，紙芝居を作成して読み聞かせをしながら進める展開を考えた。特に，自分の命がたくさんのご先祖様とつながっていることをイメージさせるのに，大変挿絵が効果的なので，活用したい。できれば大きく拡大した挿絵を用意しておくと，主人公の感動に共感させやすいと考えられる。

② 中心発問では，「ぼくのいのちって，すごいんだね。」という主人公の言葉を取り上げる。すごさの中身を考えさせていくことで，いのちについて見つめさせていく。ここでは「生命の連続性」を見つめさせたい。ずっと昔からつながっている，さらにこれからもつながっていく生命の連続性。挿絵をつかいながら，生命について多面的に考えられるようにしたい。

③ 終末では，詩を紹介して余韻を持って終わりたい。相田みつをさんの「自分の番　いのちのバトン」は，少し難しい言葉もあるので補足説明が必要であるが，つながりを確認することができる詩なので活用したい。また，『わたしたちの道徳』の中にも「たった一つの命　つながる命」というページがあり，葉祥明さんの「生きているって……」という詩もある。

3. 展開過程

	学習活動	発問と予想される児童の反応	指導上の留意点
導入	・今日の教材の内容について知る。	みんなは，沖縄って知っていますか？ ・知っている。行ったことあるよ。 ・一番，南の県だ。	・導入なので，あまり時間はかけないようにする。
展開	・紙芝居を見ながら，範読を聞く。 ・ご先祖様の話を聞いた主人公の心情を理解する。	「お父さん，お母さんがご先祖様」と聞いたコウちゃんは，どうしてびっくりしたのだろう。 ・ご先祖様なんて，信じられない。 ・ご先祖様って，もっと昔の人だと思ったから。 ・ご先祖様って，今生きている人だと思わなかった。 ・考えたことなかった。初めて知ったなあ。	・紙芝居を見せながら，範読する。 ・お話には「びっくり」とあるが，その理由を考えさせていく。
	・オバアの話を聞いた主人公の心情に共感する。	オバアの話を聞いたコウちゃんは，どう思っただろう。 ・いのちって不思議だな。 ・こんなにもたくさんのご先祖様がいるなんて，知らなかった。 ・いのちがこんなに続いてきたなんて，びっくり。	・効果的に挿絵を使い，つながっているいのちを実感させる。

8 命の祭り—ヌチヌグスージ—

展開	・つながっている（いく）いのちのすごさを考える。	・もし，この中で一人でもいなかったら…ぼくはいなかったんだ。 ・ぼくのいのちって，大事なんだな。 ぼくのいのちのどんなところがすごいのかな。 ・たくさんのご先祖様につながっていること。 ・いのちがこれからもつながっていくこと。 ・今もつながっていること。 ・たった一つのいのちから，またたくさんのいのちへとつながっていくこと ・自分だけのいのちだけではないということ。	・今の自分のいのちのすごさも考えさせたい。 ☆ぼくの，わたしの「いのち」って，そんなにすごいのかな。
終末	・学んだことや考えたことを書く。 ・教師の話を聞く。	相田みつをさんの詩を紹介します。 「自分の番　いのちのバトン」	・「わたしたちの道徳小学校3・4年」の中にある「生きているって…」の詩を活用することも考えられる。

4．板書記録

5．授業記録〈中心発問より〉

T：僕の命のどんなところがすごいのだろう？
C1：コウちゃんの命はご先祖様の命だからすごい。
T：それってどういうこと？
C1：コウちゃんの命はご先祖様の命がずっと続いてきたことだからすごい。
T：なるほどね。どう？（ほかの児童を指す。）
C2：ご先祖様の命はこれからもずっと続いていくことがすごい。

T ：続いていくかな？
C3：時代とともにどんどん続いていくと思う。
T ：なるほど。そうか。どう？
C4：生きていることがすごい。
T ：詳しく言ってくれる？
C4：これまでだれかがいなかったら自分は生まれることがなかったから，生きているってことがすごいと思います。
T ：なるほど。本当にすごいことだよね。どう？
C5：ご先祖様の命でもあるし，これからの命でもあるというところがすごいと思いました。
T ：これからの命でもあるんだね。どう？
C6：自分がいることは，こんなにいっぱいいる人の誰かが欠けてもいないから，自分がいることが奇跡。
T ：そうだよね，奇跡だよね。どう？
C7：おなかの中で命が生まれることがすごいなと思いました。
T ：それってどういうこと？
C7：おなかの中で育って，無事生まれてくるっていうことがすごいと思いました。
T ：そうだね。残念ながら生まれてくることができなかったら……。
C7：命は続いていないと思います。
T ：そう考えると命が生まれるってすごいよね。そう考えると，みんなの命ってすごいのかな？
C8：すごい。
T ：どうして？
C8：だって，お父さんとお母さんが出会わなかったら生まれてこない命だから。
T ：そうだね。そう考えたら，C6さんが言ったように，自分の命って奇跡だよね。

6．児童の感想

・私を生んでくれたお母さんやお父さんに，ありがたいなと思いました。もし父さんとお母さんが結婚していなかったら，私は生まれていないので感謝しているし，命をくれたのでありがたいです。これからも命を大切にしていきたいです。
・この話はコウちゃんのお話だけど，自分はひいおばあちゃんとかを知らないから，ご先祖様に会ってお礼を言いたいと思いました。お礼を言ったらご先祖様も喜ぶと思うからすごくありがたいです。
・命がどんなに大切かもわかったし，コウちゃんがご先祖様になるときは，今のこ

とを思い出してほしいです。私はこのお話を見たらご先祖様のことをちょっとだけ知りたくなりました。ご先祖様はありがたいと改めて思いました。
・私の中にもたくさんの命が込められているんだと思いました。私がお世話になった人たちにいつかありがとうって言いたいです。
・僕たちみんな一人一人の命はご先祖様の命なんだと思いました。これからはご先祖様の命でもあるから命を大切にしていきたいです。
・僕のご先祖様は，何千，何万人くらいかはわからないけど，いっぱいいることがわかりました。ご先祖様が一人でも欠けたら僕は生まれてこないので，僕が生まれたのはすごいなとも思いました。僕はご先祖様に１回会ってみたいなと思いました。

7．同じ内容項目の他の教材

「生きているしるし」（『道徳教育推進指導資料（指導の手引き）３』文部省）
「ヒキガエルとロバ」（『わたしたちの道徳　小学校３・４年』文部科学省）
「ぼくの妹に」（『小学校道徳　読み物資料集』文部科学省）

命の祭り―ヌチヌグスージ―

　この島のお日様は，もう真夏のようなかがやきです。
　サンゴしょうの海を七色にかえながら，にじ色の魚たちが元気に泳ぎ回っています。空に向かってほこらしげにえだをのばしているのは，デイゴの木。今年の春もまっかな花をつけました。

　おもしろい形をした石のおうちの前で，おおぜいの人たちがおべんとうを広げて，楽しそうにおしゃべりをしています。男の人がサンシンをひき始めました。それに合わせて歌いだす人がいます。あれあれ，一人，二人と陽気におどりだし，石のおうちの前は大にぎわいとなりました。
　さっきから，真ん丸な目でその様子を見ているのは，はじめてこの島にやって来たコウちゃんです。近づいてきた島のオバアにたずねました。
「みんなで，何しているの？」
「あれまあ，わたしたちに命をくれた，大事なご先祖様のおはかまいりサー。」
「おはかまいり？」
　コウちゃんが，おうちと思っていたのは，島どくとくのおはかでした。島では春になると，親せき中が集まって，ご先祖様に「ありがとう」をつたえるのです。
　びっくりしているコウちゃんに，今度は，オバアがたずねました。
「ぼうやに命をくれた人はだれネー？」
「それは……お父さんとお母さん？」
「そうだねえ。命をくれた人をご先祖様というんだよ。」
「お父さん，お母さんって，ぼくのご先祖様なの？」
　コウちゃんは，またまたびっくりです。
「だけどサー，お父さんとお母さんに命をくれた人がいなければ，ぼうやは生まれてないサーネ。」
　コウちゃんの頭の中に，四人のおじいちゃんとおばあちゃんの顔がうかんできました。
「おじいちゃん，おばあちゃんも，ぼくのご先祖様だね。」
「そうだねえ。だけど，おじいちゃん，おばあちゃんに，命をくれた人もいるサーネ。」
　ときどきお野菜を送ってくれる，ひいおばあちゃんのことを思い出しました。小さな体で毎日，畑仕事にせいを出しています。
　コウちゃんは，ひいおばあちゃんが見せてくれた，およめ入りのときの古い写真

を思い出しました。コウちゃんが生まれたときにはもういなかった，ひいおじいちゃん，ひいひいおじいちゃんや，ひいひいおばあちゃんが，写っていました。みんなコウちゃんに命をくれた，ご先祖様です。
「ねえ，おばあさん，ぼくのご先祖様って何人いるの？」
「そうだネー……。」
　コウちゃんは，指をおって数えてみることにしました。
　ぼくに命をくれた人，二人。
　お父さんとお母さんに命をくれた人，四人。
　おじいちゃんとおばあちゃんに命をくれた人，八人。
　ひいおじいちゃんとひいおばあちゃんに命をくれた人，十六人。
　そのまた上に，三十二人。
　そのまた上に……。
　もう数えられないよ。
「ぼくのご先祖様って，千人くらい？」
「もっともっと，いるサーネ。」
「じゃあ，百万人くらい？」
　今度は思い切って言ってみました。
「どうだろうネー。ずっとずっとうちゅうの始まりから，命はつづいてきたからネー。オバアに分かるのは，数え切れないご先祖様がだれ一人かけてもぼうやは生まれてこなかった，ということサー。だから，ぼうやの命は，ご先祖様の命でもあるわけサーネ。」
「なんだか，ぼく，不思議な気持ちがしてきたよ。」
「ぼうやも，大きくなってけっこんして，子どもが生まれるサーネ。また，その子どもが大きくなって，けっこんして子どもが生まれる。命は目に見えないけれど，ずっとずっと，つながっていくのサー。」
「へえ，ぼくの命ってすごいんだね。」
「コウちゃん，さがしたぞ。」
　お父さんとお母さんがやって来ました。
「あ，ぼくのご先祖様だ。」

　いつのまにか，お日様は金色の海の中にしずもうとしています。
「コウちゃん，がんばれ！」
　夕焼け雲の上から，たくさんのご先祖様が手をふっている気がしました。コウちゃんも，空に向かって高く高く，手をふりました。そして，たくさんのご先祖様にしっかりとどくように，大きな声で言いました。
「命をありがとう！」
　　　　　　　　　　　　　　　　　　　　　　　　　　（草場一壽　作による）

9 富士と北斎

① 主題名　感動，畏敬の念　D—⑳
② ねらい　富士山に魅せられ，感動し，120歳までも描き続けようとする北斎の思いを通して，美しいものや気高いものに感動しようとする道徳的心情を育てる。
③ 出　典　『わたしたちの道徳　小学校3・4年』文部科学省

1．教材解説

① あらすじ：富士山の見える東海道の道を，てくてくと歩いていく絵描きの北斎。富士山の姿は同じでも朝，晩など様々な様子を見せる。帳面は富士でいっぱいなのに江戸に帰っても，再び旅に出ても，北斎は20年近く描こうとしない。ところがある日，北斎はにこにこしながら仕事部屋に入り，富士山を描き出した。「私は，100までも，120までも生きて，富士山がどんなに好きか，みんなに見せてやるぞ」と言う北斎。こうして北斎は，「富士山の北斎」となり，海外でも知られるようになる。

② 教材の読み
　(1) 生き方についての考えを深めるのは……北斎。
　(2) 考えを深めるきっかけは……様々に変化する富士山との出会い。
　(3) 考えを深めるところは……20年近く描けなかった富士山を描き始める。

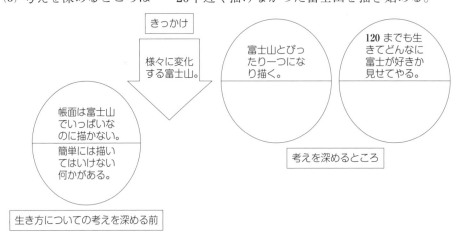

2．指導のポイント

① 導入は簡単に，道徳科は「人間の魅力」を考える時間だと説明する。終末で今日の「人間の魅力」を考えさせ，ねらいとする道徳的価値について整理させる。
② 自然が人間の力を超えた存在であり，富士山を描き続けることでそのことを受け止めようとした北斎を考えさせる。その上で，自然の力，自然のすごさを考えさせる。
③ 中心発問とその問い返しに時間をかける（25～30分・全員発表）。問い返しや中心発問を書くスペースを空けるよう工夫する。中心発問の答え（板書）は「北斎が感じる富士山の魅力」「ようやく富士を描く北斎の思い」「120までも生きて富士を描こうとする北斎が伝えたいこと（「不思議」「感動」「すごさ」「畏敬」）」等に分類して書き分ける。
④ 補助発問の中で，20年近く富士を描こうとしなかった北斎の思いを考えさせる。さらに，北斎が富士と一つになることの意味を考えさせ，富士と一つになった北斎のすごさを捉えさせる。

3．展開過程

	学習活動	発問と予想される児童の反応	指導上の留意点
導入	・「人間の魅力」を考える	○葛飾北斎って知ってますか。	・軽くあつかう。
展開	・範読を聞く。 ・北斎が感じた富士山の魅力（感動の正体）を考える。	100までも120までも生きて，富士を描こうとした北斎は，富士を描いて何を伝えようとしたのだろう。 ・自分（北斎）がどれだけ富士山が好きか。 　㊎なぜ富士山が好きなの？ ・形は同じでも見る場所，見る時間でちがう表情，姿を表してくれる。それを伝えたい。 【不思議】 ・富士山には人を引き付ける不思議さがある。 【感動】 ・見るだけで素直に感動を与えてくれる。 【すごさ】 ・富士山は雄大だ。すごすぎる。 　㊎富士山の何がすごいの？ ・富士山が素晴らしすぎる。 　㊎富士山の何が素晴らしいの？ 【畏敬】 ・富士山の調和のとれた姿は人の力ではできない。人の力を超えている。	・教材を範読する。 ・自然が人間の力を超えた存在であり，富士山を描き続けることでそのことを受け止めようとしている北斎を考えさせる。 ・富士山の魅力を北斎がどう感じていたのか，富士山の素晴らしさ，すごさとは何か，自然の力とは何かなどについて聞いていく。 不思議➡感動 　➡すごさ➡畏敬

展開	・20年近くも描こうとしなかった北斎の心情を考える。	・富士山が神々しい。凛として動かない。 ・富士山の自然の大きさの前では人間は何てちっぽけなんだろう。 ・描き続けることで富士山に近づきたい。 圃帳面は富士山でいっぱいなのにどうして20年近くも描こうとしなかったのだろう。 ・富士山の美しさは描くことを越えている。 ・まだ私の力では絵にはできない。 ・簡単に描いてはいけない何かが富士山にはある。	・スケッチはいっぱいだけど、絵にできない理由を考えさせる。 ※20年描けなかったのになぜ描けるようになったの？（問題解決的な学習）
開	・北斎と富士山がぴったりと一つになるとはどういうことか考える。 ・今日の魅力を考える。	圃北斎が、富士山と自分がぴったりと一つになるとはどういうことだろう。 ・富士山を描くだけの力が私に備わること。 ・富士山の素晴らしさを私が理解できるようになること。 ○今日の魅力は何だろう。 ・自然の不思議さ ・人（北斎）のすごさ	・富士山と一つになることの意味を考えさせる。 ・すべて受け止める。
終末	・感想を書く。		・道徳ノート（感想用紙）に記入させる。

4．板書記録

5．授業記録〈中心発問より〉

T：100までも120までも生きて，富士を描こうとした北斎は，富士を描いて何を伝えようとしたのだろう。（北斎さんは何を伝えようとしたの？）
C1：様々な富士山。富士山は1個だけだけど，時間帯，季節によって見える富士山が違っていくから，見え方がいっぱいあるからそこの富士山の様子を伝えようとした。
C2：富士山が好き。
C3：季節によって見え方が違う富士山，いろいろある富士山を伝えたかった。
C4：見る場所や時間によって変わる富士山のすばらしさ。
C5：雪がない時，雪がある時の違い。
C6：日本といえば富士山。そのかっこよさ，素敵さを。
　　　　　　　　　　　　　　　　　：
C16：富士山を知らない江戸の町のみんなにきれいさを知ってほしい。
C17：江戸のみんなに富士山の魅力を知ってもらいたいから20年もかけていろんな工夫をした。
C18：富士山と海の波をとか，富士山と何かの組み合わせを。
C19：世界中の人に日本の山の素晴らしさを知ってほしかった。
C20：富士山の魅力と素晴らしいところと悪いところすべてを知ってほしかった。
C21：100歳，120歳までも生きるから自分の根性。長生きして富士山のよさを伝えること。
T：どうして富士山は素晴らしいの。きれいなの。美しいの。魅力があるの。かっこいいの。素敵なの。すごいの。
C22：富士山は今では世界遺産で，素晴らしいしかっこいいし魅力があると思うけど。昔その素晴らしさを描いて伝えたのが北斎。北斎が描いたから富士山は美しいし，魅力があってかっこいいんじゃないかと。
C23：てっぺんが白いから。……。富士山は不思議な山で，てっぺんの方が雪で，他の山とは違って。雪が素晴らしいというか……。
C24：雪が降って上の方は積もって，下の方は雪がなくて，上だけが雪が固まっているような感じになる。
C25：富士山の色は，赤とか黒とか白とかは全部天気で変わったりするから不思議。
C26：富士山は他の山と違って，てっぺんだけ雪が積もって，他の山とはまた違う。
C27：富士山は年中雪があって，他の山とは違うから北斎も足を止めた。
C28：富士山は不思議で，まだわかってないことがあると思う。悪いところもいいところもあると思うからです。

C29：富士山は高い山だから，雪がなくても……雲が……。
 T ：なぜ自然がこんなにきれいなものを作るの。こんなにすごいものを作るの？自然が作ったものはなぜこんなにきれいなの，すごいの？
C30：自然だから誰にも予想できない。
C31：他の山と違って予測なしで見えるからすごい。
C32：自然のすごさ。
C33：明日の富士山はどうなるか分からない。だからすごい。
C34：自然がすごいのじゃなくて，雨でも風でも，富士山が自分で美しくしてくれる。
 T ：今日は富士山の魅力がいっぱい出ました。それでは今日の人間の魅力は何だろう。自分が考えたこと，感じたことと今日の人間の魅力を感想用紙に書いてください。

6．児童の感想

・北斎はみんなに素晴らしさ，感動など富士山の魅力を伝えたのだと思う。江戸の人たちに期待させるほど，美しい絵だけで感動を伝えたのが北斎の魅力だと私は思います。
・富士山の素晴らしさや美しさじゃなくて，まあそれもあるけど，北斎も素晴らしいところがいくつもあったと思います。どうして20年近くも描かなかったのかなど北斎の不思議もたくさんあったので，そこが人間の魅力かな〜と思いました。
・富士山を描くのに20年も考えていた北斎は，みんなにいろいろな富士山を知ってもらいたいから，じっくり考えたのかなあと思いました。今でも富士山がすごいのは，北斎が20年もかけて考えて描いた富士山の絵があるからだと思います。あと，自然はだれも分からないからすごいと思いました。
・富士山は美しい。そういう事を伝えたいと北斎は思っていたのかなあと思いました。富士山の魅力は北斎が教えたのだと思います。噴火してた怖い山から美しい山にかえたのは，絵を描いたからだと思います。富士山はすばらしいなあと感じました。美しいしキレイで素晴らしいと感じました。そう思えたのも北斎のおかげかなと思いました。

7．同じ内容項目の他の教材

『花さき山』（岩崎書店）
「しあわせの王子」（『世界の名作童話三年生』偕成社）
「天の笛」（『3年生の道徳』文渓堂）
『百羽のツル』（実業之日本社）

富士と北斎

　昔,富士山の見える東海道の道を,てくてくと歩いていく旅人がいました。この人は,北斎という絵かきでした。
　北斎は,江戸を出発してから,遠くの山や森の向こうに,ちらちらと富士山が見えだすと,思わず足を止めました。そして,うっとりとながめ,つぶやきました。
「ここで見る富士山は,さっき見たのとは少しちがっている。」
　江戸をたってから二,三日……。なんと様々に見えるのでしょう。富士山のすがたは同じでも,やさしく見えるときや,にっこりほほえんでいるとき,つんとすましているようなときもあります。朝の富士山,夕暮れの富士山……。北斎は,むねをわくわくさせました。道ばたに立って,夢中になって富士山を写しとりました。
　半年ほど旅を続けて,北斎は江戸へ帰ってきました。北斎は浮世絵をかく人でした。浮世絵というのは,昔の版画です。北斎のかいた絵は大変な人気でした。人々は長い旅をした北斎が,どんな絵をかくのか待ちました。しかし,一つもかこうとはしません。
　四,五年たつと,北斎はふたたび江戸から出ていきました。そして,前と同じように東海道を旅していきました。箱根の山をこえると,北斎の目はかがやきだしました。すみわたった空に,くっきりと秋の富士山がそびえ立っていました。北斎の帳面は,富士山でいっぱいになりました。かききれないことはしっかりとむねの中にたたきこみました。そして,北斎は(ああ,この山をどんなふうにかき表したらよいだろう……)と,考え続けました。
　一年あまり旅を続け,北斎は江戸に帰ってきました。江戸の人々は,北斎の絵を待ちましたが,北斎はかきませんでした。そして,五,六年の月日がたちました。
　ところがある日,何を思ったのか,北斎はにこにこしながら,仕事部屋へ入っていきました。そして,半月ばかり絵筆を紙に走らせていました。
「さあ,できたよ。やっとできたよ。」
　そう言って,仕事部屋から出てきました。北斎は,富士山をかいたのです。すばらしい富士山の絵でした。北斎が最初に富士山を見たときから,二十年近くもたっていました。その間,北斎は,富士山と自分がぴったりと一つになるのを,ずっと待ち続けていたのです。
　それから後も,北斎は様々な富士山をかきました。一年に四,五まいずつ,十年ほどかき続けました。どれもこれも,あっとおどろくおもしろい,美しい富士山ばかりでした。遠くからや,近くから見た富士山,夜明けの真っ赤な富士山,大波がわき立っている間から,遠くにながめた富士山もありました。北斎の絵は四十六

まいにもなりました。
　　北斎ほど,様々な富士山をかいた人は他(ほか)にありません。
「わたしは,100までも,120までも生きるんだ。わたしが,どんなに富士山が好(す)きか,みんなに見せてやるぞ。」
　　北斎はかき続けました。
　　こうして北斎は,「富士山の北斎」となりました。そして,北斎の浮世絵は,日本ばかりでなく海外でも知られるようになりました。
　　文化(ぶんか)のちがいや時代(じだい)をこえて,今でも北斎の作品(さくひん)は,世界中(せかいじゅう)で愛(あい)されています。

10 手品師

① 主題名　正直，誠実　A—(2)
② ねらい　友人からの誘いよりも，少年との約束を選択した手品師の生き方を通して誠実に，明るい心で生きようとする心情を育む。
③ 出　典　『道徳の指導資料とその利用1』文部省

1．教材解説

① あらすじ：大舞台に立てる日を夢見る手品師が，ある日，しょんぼりと道にしゃがみこんでいる小さな男の子に出会う。男の子の身の上話を聞いた手品師は，手品を見せて元気づけ，明日もまた来ることを約束する。その日の夜，友人から大劇場に出演のチャンスがあるから今晩すぐに出発するよう電話を受けた手品師は，男の子との約束を思い浮かべ迷いに迷う。友人の誘いをきっぱりと断った手品師は，翌日，たった一人のお客の前で，素晴らしい手品を演じるのであった。
② 教材の読み
　(1) 生き方についての考えを深めるのは……手品師。
　(2) 考えを深めるきっかけは……友人から「明日の舞台出演のチャンス」を誘われたこと。
　(3) 考えを深めるところは……友人の誘いをきっぱり断るところ。

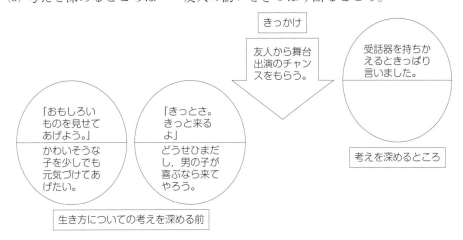

2．指導のポイント

① 「約束は守らなければならないこと」と当たり前のように思っている子どもたちに，導入では，「約束は何のためにあるのか」を問う。
② 中心発問でじっくり考える時間をとるため，ストーリーの確認をできるだけ早く確実に行う。範読の時に，手品師の気持ちがわかる部分に線を引くように指示する。また，手品師のセリフを全員で声を出して読ませながらストーリーの確認を行う。
③ 子どもたちからは手品師が思いやりのある親切な人だという感想が出やすいが，授業では，さらに深めて「誠実」に迫りたい。「この男の子がかわいそうな子どもでなかったら手品師はどうしたの？」や「手品師は自分の夢を本当にあきらめたの？」「手品師は自分の心に正直なの？」というゆさぶりの問い返しを行い，「約束の前には，自分の夢をあきらめて当然」という自己犠牲的な考えが主となる雰囲気を避けるようにする。
④ 「約束を守って責任を果たすことが誠実である。」という意見は正論として多く出される。ここでは，「約束を守る自分でありたい」と願う自分の心に正直であることが「誠実」だということに気付かせたい。そのためには，翌日男の子の前で，つぎつぎとすばらしい手品を演じている手品師の心情を考えさせる。

3．展開過程

	学習活動	発問と予想される児童の反応	指導上の留意点
導入	・「約束」について考える。	「約束」って何のためにあるのだろう？ ・守らなければならないものだから。 ・人との関係のため。　・みんなのため。	・あまり時間はかけない。
展開	・範読を聞く。 ・登場人物の確認をする。	だれが出てきましたか。 ・手品師…腕はいいがあまり売れない。夢は大劇場に立つこと。 ・男の子　・友人	・教材を範読する。 ・手品師の夢が大劇場に立つことであることを押さえておく。
	・男の子に約束した時の気持ちを考える。	手品師はどんな気持ちで「きっとくるよ」と約束したのだろう？ ・男の子がかわいそうだ。　・どうせひま。 ・自分の技を喜んでくれるのが嬉しい。	・軽い気持ちで約束したことを押さえる。
	・友人からの誘いにまよう手品師の心情を考える。	手品師はまよいにまよいながらどんなことを考えましたか。 【男の子のところに行く】	・手品師が見ず知らずの男の子との約束を選んだのは，男の子への思いやりだけで

10 手品師

展開	・友人からの誘いを断り、男の子との約束を選んだのはなぜかを考える。	・男の子に申し訳ない。 ・男の子がかわいそう。 ・男の子を裏切りたくない。 　㊅男の子は信じてると思う？　なぜ、見知らぬ手品師を信じるの。 【大劇場に行く】 ・せっかくのチャンス。　・夢がかなう。 手品師は、なぜ友人からの誘いを断り、男の子との約束を選んだのだろう？ ・男の子を悲しませたくない。 ・男の子が自分を信じている。 　㊅見ず知らずの男の子のためにどうして自分のチャンスをあきらめたの？ ・男の子と約束したから。 　㊅どうしてそこまで約束にこだわるの？ ・約束は大切だから。 　㊅自分にとって？　相手にとって？ ・約束を破って成功してもうれしくないから 　㊅どうして？　お金も名誉ももらえるよ。 ・男の子に嘘をつくことになる。 　㊅大劇場の出演を断ったのは自分の心にうそをついているのではないの？ 　㊊大劇場ではなく男の子との約束を守った手品師は本当に後悔していないの？		はなく、「約束」を守るべきだという自分の心に正直でありたかったことに気づかせる。 ・問い返しによる対話を行いながら、自分の心に正直に、悔いなく「約束」を選択した手品師の生き方が「誠実」であるということに気づかせたい。
	・男の子に腕前を披露する手品師の気持ちを考える。	手品師は男の子を前に、どんな気持ちで手品をしているのでしょう？ ・男の子との約束を守れてよかった。 ・いつか大劇場にたてるようにこれからももっと技をみがこう。 ・すがすがしい気持ち。		・手品師のすがすがしい思いに共感させたい。
終末	・振り返りをする。			・感想を書かせる。

4．板書記録

（板書：右から左へ縦書き）

手品師

手品師　男の子　手品師の友人

どんな気持ちで「きっとくるよ」と約束したのだろう？
・男の子がかわいそうだ
・どうせひま

挿絵

手品師はまよいながらどんなことを考えましたか。
・男の子のところへ行く約束
・男の子がかわいそう

挿絵

・大劇場に立つ自分の姿
・スポットライト、拍手
・お金持ち、名誉

手品師は、なぜ友人からの誘いを断り、男の子との約束を選んだのだろう？
・男の子を悲しませたくない
・男の子と約束したから
・約束は大切だから
・約束を破って成功してもうれしくないから

本当に後悔していない？
・していない、大観衆の拍手より一人の男の子の拍手がうれしい。
・友人との友情があるから、また誘ってもらえる。
・もっとうでをみがこうと思っている。

男の子を前に、どんな気持ちで手品をしているのでしょう？
・約束を守って良かった
・これからもっと技をみがこう
・すっきりした気持ち

5．授業記録〈中心発問より〉

T：手品師は，なぜ友人からの誘いを断り，男の子との約束を選んだのだろう？
C1：男の子がかわいそうと思ったから。
C2：かわいそうな男の子を裏切るわけにはいかないから。
C3：男の子に夢を与えたいから。
C4：男の子との約束は二度とできないから。
C5：自分を信じた男の子を裏切ったら，この子はもっと不幸になると思ったから。
T：もし，この子がお金持ちで両親が元気な子どもだったらどうなんだろう？
C6：お金持ちとかは関係ないと思う。
C7：私もそう思う。手品師は約束を守るいい人だと思う。
C8：私は，男の子がお金持ちなら，大劇場の方へ行って手品師は後で謝って許してもらうかもしれないと思う。友人との友情をとって。
C9：友人とは約束してない。私は，手品師はお金持ちでも，貧しくても約束は守ると思う。
C10：もしかしたら手品師も男の子と同じ体験をしたのかもしれない。
T：だから，男の子との約束を大切にした？（多くの子がうなずく）どんな経験？
C10：貧しい少年時代に，誰かに約束守ってもらってうれしかった経験。

T：手品師は後悔していないのかな。チャンスを断って。
C11：していない。大劇場のお客さんより男の子にみせる方がうれしいと思っている。
T：どうしてそう思うの？
C11：人に夢を与えることが手品師のしごとだから，お客さんの人数に関係ない。
C12：私は少しは後悔していると思う。やっぱり大きなチャンスを断っているんだから。
C13：私も後悔していると思う。
T：後悔しながら，男のとの約束を選んだのかな？
C13：うーん，一瞬後悔したけれど，やっぱり男の子との約束を守りたいと思ったのだと思う。
C14：私は後悔していないと思う。自分自身で納得していると思う。男の子と約束したのは自分だから。
T：納得している？ 自分の心に正直ということ？
C14：そう。自分の心に正直だから納得している。
　　　　（自分の心に正直で納得しているという意見が多い）
T：翌日，男の子の前で次から次にすばらしい手品を行う手品師の心の中はどんなだろうか。
C15：男の子との約束守ってよかった。
C16：これからもっともっとがんばってみんなを笑顔にしたい。
C17：すっきりした気分。
T：すっきりって？
C18：なんか，達成感ある感じ。
T：達成感って？
C18：「やった〜」っていう感じ。
T：晴れ晴れとしたかんじなんだね。
C18：はい。
T：手品師の生き方をみんなで考えていく中で「誠実」という言葉がうかびました。相手にも自分にもうそをつかず，損得を考えずに一生懸命考えて行動できる人。みんなは手品師の生き方から何を感じましたか？ 今日の授業をふりかえって感じたこと，学んだことを書きましょう。

6．児童の感想

・自分にうそをつかず生きていくことが誠実だということが今日の授業でわかりました。大劇場で手品をしたいと思っていた手品師がその夢が叶う時がきても男の

子との約束を守ったことがすごいと思いました。私もこの手品師のように誠実な心をもって生活したいと思いました。
・今日の授業で2つのことを学びました。まず一つは,「約束」という言葉です。約束と言うのは人と人とのコミュニケーションだと思いました。そしてもう一つは「誠実」という言葉。誠実と言うのは人にあわせるとかその場の空気にあわせるという意味ではなく自分の気持ちにうそをつかないということだと思いました。私も誠実な人間でいたいです。
・誠実という言葉の意味がよくわかった。自分の夢がかなうチャンスがあっても約束したことに後悔せずに突き進むということがとても大事だと思いました。私も将来の夢に向けて誠実にがんばりたいです。
・一番心に残ったのは,「明日は,あの男の子がぼくを待っている。」というところです。私も手品師の思いに共感です。手品師がとった行動は正しいと思いました。なぜかというと,男の子と最初に約束しているのに破ったら男の子は一人になってかわいそうだからです。大舞台も夢さえあれば,きっとチャンスはくると手品師は考えたのだろうと思います。
・この授業で何気ない約束などでも一つ一つ大事にしていけばしっかり生きていることになるんだなと思いました。あの手品師のようにしっかり約束を守り自分に正直な人になりたいなと思いました。

7．同じ内容項目の他の教材

「のりづけされた詩」(『みんなのどうとく　6年』学研)
「誠実な人―吉田松陰―」(『ゆたかな心　新しい道徳6』光文書院)

手　品　師

　あるところに，うではいいのですが，あまりうれない手品師がいました。もちろん，くらしむきは楽ではなく，その日のパンを買うのも，やっとというありさまでした。
「大きな劇場で，はなやかに手品をやりたいなあ。」
　いつも，そう思うのですが，今のかれにとっては，それは，ゆめでしかありません。それでも，手品師は，いつかは大劇場のステージに立てる日の来るのを願って，うでをみがいていました。

　ある日のこと，手品師が町を歩いていますと，小さな男の子が，しょんぼりと道にしゃがみこんでいるのに出会いました。
「どうしたんだい。」
　手品師は，思わず声をかけました。男の子は，さびしそうな顔で，おとうさんが死んだあと，おかあさんが働きに出て，ずっと帰って来ないのだと答えました。
「そうかい。それはかわいそうに。それじゃおじさんが，おもしろいものを見せてあげよう。だから元気を出すんだよ。」
と，言って，手品師は，ぼうしの中から色とりどりの美しい花を取り出したり，さらに，ハンカチの中から白いハトを飛び立たせたりしました。男の子の顔は，明るさをとりもどし，すっかり元気になりました。
「おじさん，あしたも来てくれる？」
　男の子は，大きな目を輝かせて言いました。
「ああ，来るともさ。」
　手品師が答えました。
「きっとだね。きっと来てくれるね。」
「きっとさ。きっと来るよ。」
　どうせ，ひまなからだ，あしたも来てやろう。手品師は，そんな気持ちでした。

　その日の夜，少しはなれた大きな町に住む仲のよい友人から，手品師に電話がかかってきました。
「おい，いい話があるんだ。今夜すぐ，そっちをたって，ぼくの家に来い。」
「いったい，急に，どうしたと言うんだ。」
「どうしたも，こうしたもない。大劇場に出られるチャンスだぞ。」
「えっ，大劇場に？」

「そうとも，二度とないチャンスだ。これをのがしたら，もうチャンスは来ないかもしれないぞ。」
「もうすこし，くわしく話してくれないか。」
　友人の話によると，今，ひょうばんのマジック・ショウに出演している手品師が急病でたおれ，手術をしなければならなくなったため，その人のかわりをさがしているのだというのです。
「そこで，ぼくは，きみをすいせんしたというわけさ。」
「あのう，一日のばすわけにはいかないのかい。」
「それはだめだ。手術は今夜なんだ。あしたのステージに，あなをあけるわけにはいかない。」
「そうか……。」
　手品師の頭の中では，大劇場のはなやかなステージに，スポットライトを浴びて立つ自分のすがたと，さっき会った男の子の顔が，かわるがわる，うかんでは消え，消えてはうかんでいました。
（このチャンスをのがしたら，もう二度と大劇場のステージには立てないかもしれない。しかし，あしたは，あの男の子が，ぼくを待っている。）
　手品師は，まよいに，まよっていました。
「いいね，そっちを今夜たてば，あしたの朝には，こっちに着く。待ってるよ。」
　友人は，もう，すっかり決めこんでいるようです。手品師は，受話器を持ちかえると，きっぱりと言いました。
「せっかくだけど，あしたは行けない。」
「えっ，どうしてだ。きみが，ずっと待ち望んでいた大劇場に出られるというのだ。これをきっかけに，きみの力が認められれば，手品師として，売れっ子になれるんだぞ。」
「ぼくには，あした約束したことがあるんだ。」
「そんなに，たいせつな約束なのか。」
「そうだ。ぼくにとっては，たいせつな約束なんだ。せっかくの，きみの友情に対して，すまないと思うが……。」
「きみが，そんなに言うなら，きっとたいせつな約束なんだろう。じゃ，残念だが……。また，会おう。」

　よく日，小さな町のかたすみで，たったひとりのお客さまを前にして，あまりうれない手品師が，つぎつぎとすばらしい手品を演じていました。

（江橋照雄　作による）

11 背　中

① 主題名　親切，思いやり　B—(7)
② ねらい　赤ちゃんを抱いたお母さんに座席を譲る松葉づえの男の人の粋な行動に気づいた主人公の心情を通して，誰に対しても思いやりの心を持ち，相手の立場に立って親切にしようとする実践意欲を育む。
③ 出　典　『道徳読み物資料集』日本道徳教育学会近畿支部

=== 1．教材解説 ===

① あらすじ：塾の宿題ができていなかったぼくは，電車が到着すると前に並んでいた松葉づえをついた若い男の人をすり抜けて空いていた席に座った。しばらくすると赤ちゃんを抱いたお母さんが乗ってきたが，ぼくは帽子のつばで顔をかくしてしまう。すると，隣に座っていた松葉づえの男の人が，「すぐ降りますから……。」と言って席を譲った。目的の駅に着いたぼくは，降りたはずの男の人が前の車両から降りてきたのを見て驚く。ぼくは思わず男の人の後をついていった。

② 教材の読み
　(1) 生き方についての考えを深めるのは……ぼく。
　(2) 考えを深めるきっかけは……松葉づえの男の人が前の車両から降りてきたこと。
　(3) 考えを深めるところは……男の人の背中を見つめるぼく。

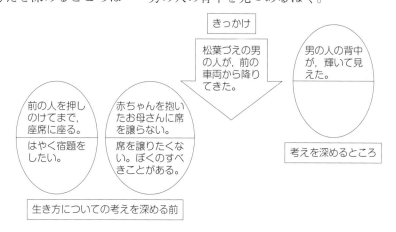

2．指導のポイント

① 導入では，発達段階を考慮し，後で深く考えたいヒントを出す一方，さらっと流すことで，価値観を押しつける授業にしない。
② 中心発問までの発問では，場面の様子がわかりやすいように展開していく。
③ 中心発問では，松葉づえの男の人の行動に隠された「思いやり」の深さを輝いている背中から考えさせる。

3．展開過程

	学習活動	発問と予想される児童の反応	指導上の留意点
導入	・題名から想像する。	「背中」とは，だれの背中だろうね。	・本時への意識づけをする。
展開	・教材を読む。 ・席を譲ろうとしないぼくの心情を考える。 ・やましいと考えるぼくの心を読む。 ・ぼくの気づきについて考える。	ぼくはどうして，あわててぼうしのつばで顔をかくしたのだろう？ ・ぼくにも座りたい事情がある。 ・ぼくに代わってと言われたらいやだなあ。 ・無視したい。 ぼくは，周りの人からにらまれているような気がしたのはどうしてだろう。 ・ぼくが替わるべきだと思い出したから。 ・松葉づえの人を立たせてしまったから。 夕日がいっぱい当たった男の人の背中が輝いて見えたのは，ぼくがどんなことを考え，気づいたからだろう。 ・かっこいいなあ。 　㉑何がかっこいいの？ ・ごめんなさい。ぼくのために……。 ・ありがとう，みんなのために。 ・ぼく，わかったよ。うそをついてまで席を譲ったわけが。 　㉑なぜ，男の人はうそをついたのでしょう。 ・本当の思いやりってこんなふうにするんだ。 　㉑本当の思いやりって？ ・ぼく，今度は譲るよ。 ・今日のことは忘れないよ。 ・きっとおなかの赤ちゃんも感謝しているよ。	・登場人物の会話文を感情をこめて範読する。 ・自己本位でいるぼくの姿を押さえる。 ・席を譲るべきだったと考えだすぼくの葛藤を押さえたい。 ・男の人が座席を譲る行為の中に隠された心を，ぼくを通して探っていく。 ・問い返しによる対話を進めていき，主題である「親切，思いやり」に迫っていく。
終末	・感想を書く。		・感想を書かせる。

4．板書記録

```
背
中

ぼくはどうして、あわててぼうしのつばで顔を
かくしたのだろう？

譲りたくなかった　　早く宿題がしたかった

ぼくは、周りの人からにらまれているような気
がしたのはどうしてだろう。

ぼくが替わるべきだった
少し譲ればよかった

男の人の背中が輝いて見えたのは、ぼくがどん
なことを考え、気がついたからだろう。

　　　　　　　　　　　　　　　↑
行動がすごい　　　　　　　　　│
足を怪我しているのに譲ったから│
譲った後知らん顔＝すぐ降りると言って降りた
お母さんを心配させないため
立とうとした周りの人への心遣い
　　　　　　　＝
足が悪いからみんなが心配する
ぼくが譲らなかったことを気遣った
ぼくが責められないように配慮した
みんなに気を遣っている
みんなに気を遣わせないようにしている

男の人の背中が輝いて見えた
心がきれい
思いやりのレベルがすごい
```

5．授業記録〈中心発問より〉

T：夕日がいっぱいあたった若い男の人の背中が，かがやいて見えたのは，「ぼく」がどんなことを考え，気がついたからですか。

C1：男の人の行動が，すごいと思った。

T：どうしてすごいの？

C1：足を怪我しているのに，席を譲ったから。譲った後，知らん顔したから。

T：みんなに聞くけど，男の人は，どうして，降りる駅じゃなかったのに降りたの？

C2：赤ちゃんを抱いたお母さんに心配させないため。

C3：周りの立とうとした人に心配させないため。

T：なぜ，心配させないようにしたの？

C3：松葉づえをついているから。

C4：本当だったら，ぼくたちが席を譲るべきなのに，足の不自由な人に代わってもらうのはおかしいし，足が悪かったら，みんなが心配する。

C5：そうか，ぼくに対してもだよね。ぼくが，席を譲るべきなのに，譲らなかったことを気にしなくていいと言ってくれたのと同じなんだ。

C6：席を変わらなかったことを周りの人から責められないように。

T：松葉づえの人が周りに気をつかっていることは，最初からわかっていた？

C7：わかっていない。ぼくが，降りるときに見てわかった。

C8 ：でも，見た人は，わかったかも。
 T ：この男の人がすごいのはなぜ？
C9 ：みんなに気をつかっている。
C10：みんなに気をつかっているけど，みんなに気をつかわせないようにしている。
 T ：ほんと，そうだね。こういうのを何というの？
C11：思いやり。
C12：すごい思いやり。
 T ：男の人の背中がかがやいて見えたのはなぜ？
C13：心がきれいだから。
C14：思いやりのレベルがすごいから。

6．児童の感想

・席を譲ってあげて，背中がかがやいて見えた。（この男の人は，）みんなに気を使っている。すごく人に譲ってばっかりですごく優しい人だなあと思いました。この日だけじゃなくてこれからもだと思います。
・背中が，かがやいて見えたのは，周りの人のことを気遣って降りたから。人への思いやりがすごくわかって，もし，そんなことが私の前で起こったら，次は，私は譲ってあげる思いやりをしてみたいと思います。
・松葉づえをついている若い男の人はいろんな人に気遣っているんだなと思った。ぼくにも気をつかってとっても優しい。
・背中がかがやいて見えるほどすごくいい人だったから。隣の席の人はとってもいい人。ぼくはこれから気をつかえる人になれるかも…。
・その人を見習いたいから他の人には夕陽が当たっているだけに見えても，自分には特別な輝きに見える。かがやいて見れるっていういい話でした。かっこいい人です。私も同じことをやりたい。自分が席を譲る姿が，想像できる。
・男の人の背中がかがやいて見えたのは，けがをしているのに席を譲ってすごいと思ってかがやいて見えた。松葉づえの若い男の人は自分はけがをしているのに，お母さんに席を譲ってきれいな心だと思う。
・思いやりがあって，やさしかったからかがやいて見えた。自分もそういう風になりたいと思った。（この児童は，感想文を書きながら，絵も書いていた。情景を頭の中に浮かばせていた。）

7．同じ内容項目の他の教材

「夏の日のこと」（『小学校道徳読み物資料集』文部科学省）

背　　中

「はやくこないかなぁ。」
　今日は塾の日だ。ぼくは乗車口の二列目にならんでいた。前には，松葉づえをついた若い男の人がならんでいる。運が良ければ，ぼくのおりる駅まですわっていくことができる。
「まもなく，電車が到着します。白線の内側までお下がりください。」
　プラットホームにアナウンスが流れた。ドアが開くと，前の人の横をすりぬけ，席に向かった。
「やったぁ！」
　横並びの席の中央よりに二人分だけあいている。残りの一席には，松葉づえの男の人がすわった。
「宿題をしなくちゃ。」
　ぼくは，問題集を開いて必死にシャープペンを走らせた。電車も軽快に走ってゆく。電車が三つ目の停車駅にとまった。
「ふぅー，あともう少しだ。」
　大きく息をはいて頭をあげたとき，赤ちゃんをだいたお母さんが乗ってくるのが見えた。肩にかけた大きなバッグが今にもずり落ちそうだ。ぼくの方へ近づいてくる。ぼくはあわててぼうしのつばで顔をかくした。
　その時，となりの席の人が立ち上がる気配がした。
「どうぞ。すわってください。」
　男の人の声にぼくは，ほっとした。
「いえ。あなたは足が……。」
　小さな声でお母さんが言った。そのしゅん間，二，三人の周りの人が立とうとした。若い男の人は，松葉づえを右わきにはさんだまま，右手で周りの人を制しながら，
「すぐおりますから。どうぞ。」
　そう言うと，ドアの方へ歩いて行った。お母さんはその後ろすがたに頭を下げ，ぼくの横に腰をおろし，赤ちゃんをひざの上にだいた。ぼくは周りの人からにらまれているような気がして急に問題がとけなくなった。
　電車が次の駅に止まり，若い男の人は松葉づえをホームにつき，ぴょんと飛ぶようにしておりていった。赤ちゃんをだいたお母さんがその人に向かって頭を下げた。
　二駅停車した後，お母さんはおりて行った。
　しばらくして，アナウンスが流れた。

「次は、ぼくのおりる駅だ。」
　あわてて出口に向かったぼくは、ホームにおりると思わず立ちどまった。自分の目をうたがった。前の車両から松葉づえをついた人がおりてきたのだ。
「えっ、どうして。」
　若い男の人は、コツッコツッと松葉づえの音を立ててゆっくりと改札口に向かっている。ぼくは後ろからついて歩いた。夕日がいっぱいあたった若い男の人の背中がかがやいて見えた。

（末本裕喜　作による）

12 ぼくの名前呼んで

① 主題名　家族愛，家庭生活の充実　C―(15)
② ねらい　同級生に一度も両親から名まえを呼ばれなかったことを指摘され動揺した太郎が，父親の心の底からほとばしり出るような手話を見つめながら，家族に対する心情を変化させていくことを通して，父母，祖父母を敬愛し，家族の一員としての自覚をもって充実した家庭生活を築こうとする道徳的心情を育む。
③ 出典　『道徳　6年　きみが　いちばん　ひかるとき』光村図書

1．教材解説

① あらすじ：太郎は聴覚障がいと言語障がいがある両親のもとに生まれた。ある日，友だちをからかった者とけんかになった時，両親から「やあい，お前，父ちゃん母ちゃんから，一度も名前呼ばれたことないだろう。」とからかわれる。それまで両親から名まえを呼んでもらったことがなかった太郎は動揺し，怒りを父親に手話でぶつける。父親は太郎が生まれたときの両親の思いを力強い手話で語りかける。太郎はその父親の手話をまばたきもせずに見つめていた。

② 教材の読み
　(1) 生き方についての考えを深めるのは……太郎。
　(2) 考えを深めるきっかけは……父親の手話。
　(3) 考えを深めるところは……まばたきもせずに見つめていた。

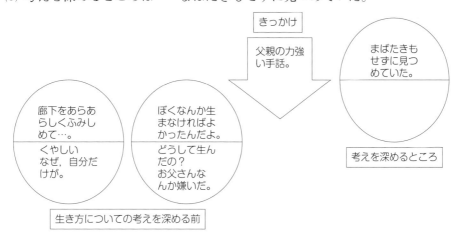

2．指導のポイント

① 聴覚障がいや言語障がいについての説明は必要であり，児童の多様な家族構成や状況も考慮することが必要である。

② この教材では父親の「心の底からほとばしり出るような手話」の中でも，特に，母親の「聞こえない耳」でけん命に太郎の泣き声を聞こうとしたところに注目して問うことにしている。主人公で考えるのが基本であるが，ここでの母親の心情に触れることが価値についての理解に繋がるのではないか。

3．展開過程

	学習活動	発問と予想される児童の反応	指導上の留意点
導入	・教材の話を聞く。	○耳が聞こえないご両親を持った太郎さんのお話です。みんなも考えよう。先生も考えます。	・聴覚障がいについて触れる。
展開	・範読を聞く ・ショックをかくせない太郎の心を考える。	太郎は，どうしてお父さんをにらみつけたの？ ・運動会でなぜ呼んでくれなかったの？ ・友達とケンカしたのは，お父さんのせいだ。 ・つらかった。　・腹が立った。	・教材を範読する ・話のおさらいをしながら進める。 ・発問を広げながら対話する。（教員⇒学級全体）
	・母親の太郎への思いを知ることにより，両親の愛，両親の願いを感じ取る太郎について考える。	お母さんは聞こえない耳で何度も何度も声を聞こうとしました。お母さんなぜ聞こうとしたの？ ・自分の子どもだからどうしても聞きたい。 ・聞こえるような気がする。 ・奇跡がほしい。 ・聞きたい一心だから。　・心で聞く。 ・一度でいいから聞きたいと思った。	・聞こえないのに聞こうとしている母親の思いに共感させる。（教員⇒学級全体）
	・両親がどんな立場や状況であれ太郎をどんなに愛し，大切に思っていたかを考える。	太郎は，お父さんの心の底からほとばしり出るような手話を見ながら何を考えたの？ ・お父さんごめんなさい。 ・お父さんやお父さんの気持ちを分かっていなかった。 (返)お父さんやお母さんの気持ちって，どんな気持ちだったんだろうね。 ・みんなつらかったんだ。 ・こんなことを考えていたんだ。 (返)こんなことってどんなこと？ ・そんなに思ってくれてありがとう。 ・お父さんの言う最高の生き方を考えてみよう。	・「まばたきもせず」に注目させながら聞いていく。 ・児童一人一人に深く問う。（教員⇔児童一人一人） ・問い返しにより，学級全体での対話を誘う。（教員⇒学級全体） ・共に生きていこうとする気持ちを深めていく。
終末	・感想を書く。	○考えたこと，思ったことを書いてください。	・リフレクションシートを書かせる。

4．板書記録

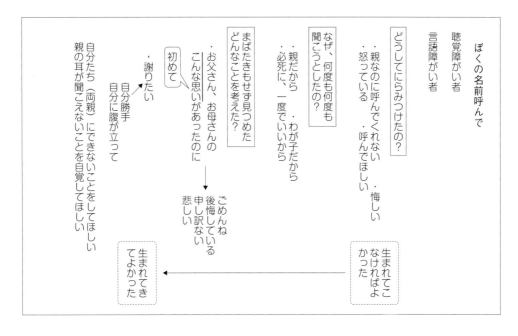

5．授業記録〈中心発問より〉

T：どんなことを考えたんだろう。少し時間をかけてください。言える人？
C1：お父さんお母さんのこんな思いがあったのに，にらみつけてごめんなさいと思った。
C2：お父さんお母さんはこんな思いをしてるのに，生まなければよかったと言ってにらみつけて後悔してる。
C3：お父さんの思いを初めて知った。
T：初めて知ったんだね。
C3：こんなこと思ってるんだと。
T：こんなこと思っているって。どんな思いですか？
C3：うーん。うれしいけど，ちょっと。なんていうんだろう。悲しいじゃないけど申し訳ないというか……。
T：なるほどねえ。うれしい，申し訳ないという気持ちね。なるほど。他どうですか？
C4：さっき，お父さんにあんなひどいこと言ったのに，こんな気持ちだったんだなって。
C5：お父さんも自分の子どもの名前呼びたくないわけでなく，呼びたかった。さっきあんなひどいこと言って申し訳ない。ごめんなさいって思った。

T：そうか……そういうことか。お父さんだって呼びたくないわけじゃないんやね。
C6：えっと初めてお父さんの気持ちを知ったから太郎はびっくりしているかもしれないけど，でも聞いたあとだったら，反省していると思っている。
C7：お父さんお母さんの気持ちを考えずにひどいこと言ってごめんなさい。
T：おとうさん，おかあさんって太郎にどんな気持ちだったんだろう。
C8：大切に思っていた。
C9：お父さんとお母さんの気持ちもわからないで言ってたから謝りたい。
C10：自分だけ悔しい思いをしていると思っていたけど，お父さんとお母さんも悔しい思いをしていた。
T：「こんな気持ち」の中には悔しい気持ちがあったんだね。
S11：自分のことをこれまで大切に思ってくれているのに生きてこなければよかったと言ってしまっている申し訳なさと……申し訳なさと悲しみ。
T：悲しみ。悲しいんや。何が悲しいの？
S11：自分がこれまで生きてきたけど，気づけなかった。
S12：両親の思いを気づけなかった自分に，怒りを持っている。
C13：おとうさんとお母さんはいつもこんな思いをしてたのに，何も分かってなくてひどいこと言って悲しかった。
C14：生まれてこなければよかったってさっき言ったけど，お父さんの手話をみて，生まれてきてよかったって。
T：そうか。生まれてきてよかったって思ってる。すごいね。
　　なるほど。そういうことか。私も初めて気がつきました。
C15：お父さんお母さんは呼べないのに，お父さんにぶつけてしまってごめんなさいって思った。
C16：自分勝手なことを言って謝りたい。
C17：お父さんとお母さんの気持ちも知らずに，ひどいことを言ってしまって自分勝手でその言ってまった自分に腹が立っている。
C18：えーっと，お父さんとお母さんも太郎の名前呼べなくてごめんって思ってるし，太郎もひどいこと言ってごめんって思ってる。
T：……これだけは言いたいという人いますか？
C19：お父さんとお母さんが思っていることで太郎のことを大切に思っていて自分たちにできないことをしてほしい。でも自分の親が耳が聞こえないことも自覚をもってほしい。
T：なるほどね。自分たちができないことを太郎にしてほしいんだって，そしてやっぱり自覚，わかってほしいということも伝えたかったのですね。

6. 児童の感想

- 私はこのお話にでてきた両親は偉いなと思いました。それは自分の大切な大切な子どもの名前は呼べないし、どんな声なのかも聞けないのに愛していたからです。でも太郎君は幸せな人だと思いました。それは両親が耳が聞こえなくても大切に思ってくれていたからです。
- みんな太郎の気持ちをいろいろ言ってたので、いろんな考えがあるんだなと改めて感じました。私だったら言ってしまったらすごく後悔します。たぶん一人になったとたん、泣くと思いました。お母さんが太郎の声を聞きたいのは、よくわかりました。この後の太郎がすごく気になりました。
- お父さんとお母さんは太郎のことをとても考えていると思う。それが太郎君には伝わらなくて、ぶつかり合ったと思う。それがあったからこそ、三人の気持ちが伝わりあった。生まなければよかったって太郎君は言ったけど、ほんとうは思っていないと思う。
- 太郎はなんで名まえを呼んでくれないのと思っていたけど、お父さんもお母さんも本当は呼びたいんだろうなと思いました。でも呼んでほしい太郎の気持ちもわかるなと思いました。親も子もどっちも申し訳ないんだと思います。太郎は生まなきゃよかったなんていったけど、お父さんの話を聞いて生まれて良かったなと思ったんだと思いました。

7. 同じ内容項目の他の教材

「なしの実」(『小学校読み物資料とその利用1』文部省)
「はじめてのアンカー」(『読み物資料とその利用「主として集団や社会とのかかわりに関すること」』文部省)

ぼくの名前呼んで

　太郎の両親は、ともに聴覚障害者であり言語障害者だった。しかし、そのことで太郎が両親に反抗したことは、まずなかった。ただ、一度だけ、太郎にとって忘れられない出来事があった。

　ある日の放課後、学芸会の練習をしていたとき、軽い脳性まひで思うようにせりふが言えず、教室のすみでべそをかいていた渋谷くんこと「ブヤちゃん」をからかった者がいて、そいつと大げんかになったときのことだった。

　自分より背丈の大きな相手と組んずほぐれつ、ゆかをゴロゴロ転げ回り、ようやく相手を組みふせた。馬乗りになった太郎が、こぶしをふり上げた瞬間、下敷きになりながら、必死にもがいていた相手がさけんだ。
「やあい、おまえ、父ちゃん母ちゃんから、一度も名前呼ばれたことないだろう。これからもずっと呼ばれないぞ。いい気味だ。」

　太郎は息をのんだ。こぶしをふり上げたまま体が動かなくなってしまった。

　それは、太郎にとって思いもかけぬ言葉であった。両親に名前を呼んでもらうこと……、そんなこと、太郎は考えたこともなかった。

　相手につき飛ばされ、転んだまま、「名前……、名前……。」と、力なくつぶやいていた。半ば放心状態だった太郎は、突然立ち上がり、校門目がけてかけだした。今までに感じたことのなかったさびしさ、言いようのない切なさにおそわれ、なみだがこみ上げてきた。おだやかな夕暮れ時の商店街は、買い物帰りの主婦たちで、いつものようににぎわっていた。

　泣きわめきたい、大声でさけびたい衝動をぐっとこらえ、ひたすら走った。路地をぬけると、自転車に乗った豆腐屋さんが、ラッパをふきながらゆっくりと走っていく。
「ひろこ、もうすぐ御飯よう。」
どこからともなくそんな声が聞こえてきた。

　突然、せきを切ったようになみだがぼろぼろとこぼれた。太郎は両手で耳をふさぎ、無我夢中でわが家に向かって走った。

　ガラガラガラッと大きな音を立てて乱暴に玄関の戸を開けた。父親のくつが見えたが、家の中は物音一つなく、母親は出かけているようだった。

　廊下をあらあらしくふみしめて、父親のいる部屋にかけこんだ太郎は、入り口の所で、ドン、ドン、ドンと足をふみ鳴らした。

　それまで、太郎が帰ってきたのにも気づかずに机に向かっていた父親は、ゆかを伝わってくる振動でやっと後ろをふり向いた。そこには、目を真っ赤に泣きはら

し，くやしそうに自分をにらみつけている太郎の姿があった。いつもとはちがうむすこの様子におどろいて立ち上がった父親に，太郎はむしゃぶりついてさけんだ。

　とっさのことで，理由も分からず，ただ立ちすくむ父親から，ぱっと体をはなすと，泣きさけびながら手話を始めた。

「ぼくの　名前　呼んで。親なら　子どもの　名前を　呼ぶのは　あたりまえなんだぞ。　この　前　運動会が　あったよね。走ってる　とき，みんな　転んだろ。転んだ　とき，みんなは……。」

　太郎の手が一瞬止まった。しばらくためらっていたが，こらえ切れずにまた激しく両手が動きだした。

「転んだ　とき，みんなは　父さんや　母さんに　名前を　呼ばれて　応援されたんだぞ。ぼくだって　転んだんだ。転んだんだよお。でも，ぼくの　名前は　聞こえて　こなかったぞ……。父さん，父さん，名前　呼んでよ。一度で　いいから，ぼくの　名前呼んで……。名前を　呼べないんなら，ぼくなんか，ぼくなんか生まなければ　よかったんだよお。」

　ぶつかるように父親にしがみついた太郎は，声を上げて泣いた。必死の力でゆさぶられるままに，じっと両目を閉じていた父親は，力いっぱいむすこをだきしめた。

　そして，静かに太郎の体を引きはなすと，無言の中にも力強い息づかいを感じさせる手話で語り始めた。

「私ハ，耳ガ　聞コエナイ　コトヲ　ハズカシイト　思ッテ　イナイ。神ガ　アタエタ　運命ダ。名前ガ　呼バレナイカラ　サビシイ。母サンモ　以前　ソウダッタ。君ガ　生マレタ　トキ，私タチハ　本当ニ　幸セダト　思ッタ。声ヲ　出シテ　泣ク　コトヲ　知ッタ　トキ，本当ニ　ウレシカッタ。君ハ，体ヲ　フルワセテ　泣イテ　イタ。大キナ　口ヲ　開ケテ，元気ニ　泣イテ　イタ。何度モ　何度モ　ヨク　泣イタ。シカシ，ソノ　泣キ声ハ　私タチニハ　聞コエナカッタ。母サンハ，一度デ　イイカラ　君ノ　泣キ声ガ　聞キタイト，君ノ　クチビルニ　聞コエナイ　耳ヲ　オシ当テテ，（ワガ　子ノ　声ガ　聞キタイ。コノ　子ノ　声ヲ　聞カセテ。）ト，何度願ッタ　コトカ。シカシ，母サンハ　悲シソウナ　顔ヲ　シテ，首ヲ　左右ニ　フルダケダッタ。私ニハ　聞コエナイガ，オソラク，母サンハ　声ヲ　上ゲテ　泣イテ　イタト　思ウ。デモ，今ハ　チガウ。私モ　母サンモ，耳ノ　聞コエナイ　人間ト　シテ，最高ノ　生キ方ヲ　シテ　イコウト　約束シテ　イル。君モ　ソウ　シテ　ホシイ。耳ノ　聞コエナイ　両親カラ　生マレタ　子ドモトシテ……。ソウ　シテ　クレ。コレハ，私ト　母サン　二人ノ　願イデス。」

　太郎は，初めて父親のなみだを見た。父の心の底からほとばしり出るような手話を，太郎はまばたきもせずに見つめていた。

　　　　　　　　　　　　　　　　　　　　　　　　　（丸山浩路　作による）

13 小川笙船
おがわしょうせん

① 主題名　勤労，公共の精神　C―(14)
② ねらい　笙船の「医師」としての仕事に対する姿勢を通して，働くことや社会に奉仕することの充実感を味わうとともに，その意義を理解し，公共のために役立つことをしようとする道徳的実践意欲を育む。
③ 出　典　『私たちの道徳　小学校5・6年』文部科学省

― 1．教材解説 ―

① あらすじ：江戸の町にあふれていた貧しい病人たちを救うため，将軍に願い出て小石川療養所を設立した笙船は，日々多忙を極める中でも，志ある若い医者を育て，薬草を育てながら，貧しい病人たちの面倒を見ていた。笙船に救われた一人である定吉は療養所に留まり，井戸の水を汲む仕事をして恩返しをしていた。また，先日まで隣で寝ていた男は，今ではすっかり元気になり，自分の畑でとれた大根を届けにやってきた。笙船がうれしそうに男とかごに手を合わせ受け取り高々と掲げると，養生所にはみんなの笑顔と拍手が広がった。

② 教材の読み
　(1) 生き方についての考えを深めるのは……笙船。
　(2) 考えを深めるきっかけは……男が大根を届けに養生所に来た。
　(3) 考えを深めるところは……笙船は男とかごに手を合わせた。

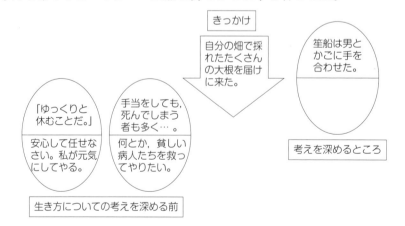

2. 指導のポイント

① この物語はいわゆる「伝記・偉人伝」と呼ばれる教材である（「伝記・偉人伝」については本書「第3章」参照）。この教材は，主人公が，物語の前半と後半で明確に変化をするという教材ではない。小川笙船は，一貫して「名医」であり，医師としての公共の精神を常に自覚して行動している。そういう意味では，笙船は，一般の道徳教材では「助言者」として描かれるべき「道徳的価値の体現者」であるとも言える。つまり，この物語の主人公「笙船」には，通常の道徳授業づくりに用いる「Before-After」の構図をそのまま当てはめることはできない。

② この教材では，笙船がどんな思いで「貧しい人々を救う」という偉業を成し遂げる決意をし，どのように生き，どのようにその偉業を成し遂げていったのかを考えることで，笙船を助言者として，児童が生き方についての考えを深める形で授業を進めていくことになる。

③ 場面発問としては，「笙船は男とかごに手を合わせた」の場面に注目させ，「どんなことを感謝しているのだろう？」という問いで児童の考えを深めていくことになるが，中心発問では，「笙船が，医師として，大切にしていることは何だろう？」と問い，これまでの笙船の生き方の全てを通して，「勤労，公共の精神」について考えさる。

3. 展開過程

	学習活動	発問と予想される児童の反応	指導上の留意点
導入	・「仕事」という言葉からイメージすることを発表する。	「仕事」という言葉聞いて，思い出すことは？ ・義務　・お金を稼ぐ手段　・生きがい ・しんどい　・明日の用意　等	・時間をかけず，何人か当てたら，すぐに次に進む。
展開	・範読を聞く。 ・主な登場人物を把握する。	主な登場人物は誰ですか。どんな人ですか。 〈定吉〉 ・家族がいない。　・貧しい ・病気で仕事ができなくなった。 ・道に倒れて今にも死にそう。 〈笙船〉 ・医者　・有名で腕が良い。	・教材を範読する。 ・主な登場人物を確認する。 ・「たのみもしないことを…してくれやがって」と言う定吉の心情など，発問を行いながらあらすじを追っていく。

展開	・「定吉」の境遇を知り、「助ける」ことを決意する笙船の心に共感する。	定吉の目からあふれる涙を見て、笙船はどんなことを思ったでしょう？ ・苦労してきた。 ・つらい思いをしてきたんだなあ。 ・やっと安心してくれた。 ・この人は私が助けてあげないと。	・定吉の涙を見ている笙船の心情を考えさせる。
	・男とかご（大根）に手を合わせた「笙船」の思いを考える。	「笙船は男とかごに手を合わせた」とありますが、誰に、何に、どんなことを感謝しているのでしょう。 〈誰に？〉 　・男の人に。　・かご（大根）に。 　・自分を支えてくれた人　・神様（天）に。 〈どんなことを？〉 　・大根をくれたこと。 　・恩返しをしてくれたこと。 　　㉄当然ではないの？ 　・元気になってくれたこと。 　・しっかり働いていること。 　・また社会で活躍できること。 　・「収穫物」の恵み 　・しっかり仕事できる援助。 　・男の人を救ってくれたこと。 　・医者の喜びをくれたこと。 　　㉄どんな喜び？	・「元気になった定吉はなぜ、養生所の水くみをしているの？」などの発問を行いながらあらすじを追っていく。 ・「誰に」「どんなことを」感謝しているのかを深く考えさせる。 ・さらに深めたい答えには、問い返しの発問を行う。
	・笙船が大切にしていることを考える。	笙船が、医者として、本当に大切にしていることは何でしょうか？ ・命を救うこと。　・病人を治すこと。 ・患者を元気にすること。 　㉄どうすれば元気にできるの？ ・患者を元気にして、社会で活躍できるようにすること。 ・貧富や身分の差別なく、命を救うこと。 ・自分の意思を継ぎ、医療に貢献できる人物を輩出すること。 　㉄自分でする方が早いのではないの？ ・自分の役割を自覚し、社会に役立とうとしていること。 　㉄役割って何？　社会に役立つってどういうこと？	・笙船が大切にしていることを考えさせることで、「勤労、公共の精神」という主題に迫る。 ・さらに深めたい答えには、問い返しの発問を行い、じっくり考えさせる。
終末	・考えたこと、学んだこと、気づいたことを書き、発表する。	今日の授業で学んだこと、気づいたことを発表しよう。	・時間があれば、2・3人指名して発表させる。

4. 板書記録

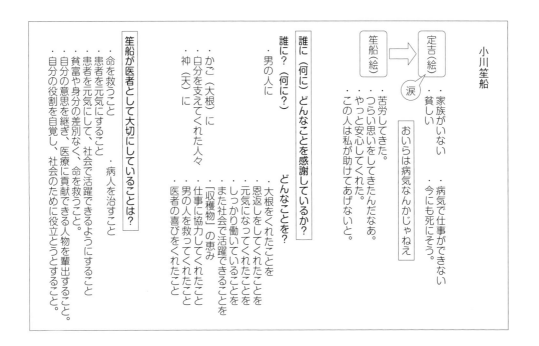

5. 授業記録〈中心発問より〉

T：笙船が医者として本当に大切にしていることは何だろう？
C1：お金にとらわれず，医者の役目を果たすこと。
T：医者の「役目」って何なの？
C1：人の命を救うこと。
C2：自分が救った人たちの笑顔。元気になって，自分の人生をしっかり歩いてほしい。
C3：この世には「生きたい」と思っているのに死んでいく人がたくさんいるんだから，自分の医者としての存在を見失うことなく，目の前の人たちを救うこと。
T：「医者としての存在」ってどういうことなんだろう？
C3：「命は誰にもたった一つ」ってことを忘れないこと。
C4：人を大切に思う心。
C5：身分の高い人たちだけではなくて，貧しい人たちの命も救って，みんなに自信をもって生きていってもらう。
C6：医者という仕事は，周りの人の手助けがなくてはできないということや，いろんな人や物に感謝する気持ち。
T：だって，笙船さんが小石川養生所を作ったんでしょ。将軍さんに頼んで。笙

船さんがいなければ救われない命もいっぱいあったし。
C3：いや，将軍さんが予算つけてくれなかったら，できなかったんだし。（一同爆笑）
C6：水汲んでくれたり，横で介護してくれたり……
T ：そうかあ，みんなで，チームで，命を救うんやね。
C7：自分の命が尽きないうちに……
T ：あれ？ 笙船さんって自分の命を心配してるの？
C8：そうじゃなくて，自分が元気なうちに若い医者を育てて……
T ：でも，若い医者は頼りないよ。腕も確かじゃないし，ただでさえ患者の治療で忙しいのに，おまけに若い医者の指導なんてしてると，体がいくつあっても足りないよ。
C8：でも，自分だけではお世話しきれないし……笙船さんが死んでしまったら，もう，苦しんでいる人たちを救えなくなってしまう。第2，第3の笙船さんを育てていかないと……
T ：「跡継ぎ」ってわけですね。でも，笙船のような人は出てくるかな？
C8：というか，笙船よりもっとすごい人が出てくるかもしれない。

6．児童の感想

・「生きる」ということは自分の役割を果たしていくことが大切だとよくわかった。
・自分の役目は，自分が頑張るだけではなく，その気持ちをバトンにして伝えていくこと。
・今日は医者としての笙船さんの生き方を考えたけど，それは今の自分の立場でも考えられることだと思う。自分のことだけではなく，人のことも考えていきたいと思いました。
・私は笙船のようにすごいことはできないけれど，自分のできることを精一杯していきたいなと思った。先生の話を聞き，みんなの話を聞いていると，どんどん考えが深まった。
・人は支えてもらわないと生きていけなのだということに気付いた。これからは，支えてもらうばかりではなく，支えることもしていきたい。

7．同じ内容項目の他の教材

「マザー・テレサ」（『みんなの道徳6年』学研）
「海は死なない」（『きみがいちばんひかるとき6年』光村図書）
「ぼくの仕事は便所そうじ」（『6年生の道徳』文溪堂）

小川笙船

　定吉はもう、動けなかった。うすれてゆく意識の中で、江戸の町を行き来する人々の足音だけが聞こえている。
　定吉には、家族はいない。一人、長屋に住み、魚売りで生計を立てていた。しかし、病をわずらい仕事ができなくなった。家賃がはらえず、長屋を出された。ねる場所も、食べる物もなく、道にたおれた。すっかりやせ細り、よごれた身なりで苦しんでいる定吉に声をかける者はいなかった。
　しばらくすると、定吉の手を取り、脈を確かめ、
「しっかりしろ。」
と声をかけた男がいた。その男は連れの者に、定吉を背負うように言った。

　定吉は、となりにねている男のうなり声や、薬をゴリゴリと調合する音で目が覚めた。（しんりょう所か……、助かったのだ……。）なみだがこみ上げてくる。しかし、次の瞬間、定吉はここからこっそりとぬけ出すことを考えた。金がないのだ。だが、にげ出す力はもっとない。そこへ、さっきの男が現れた。
「気付いたか。良かった。しばらく、ここで養生して病を治すんだな。」
　おだやかな声が、定吉の胸にひびく。でも定吉は、
「ふん、おいらは病気……なんかじゃねえ。たのみもしないことを……してくれやがった。」
と、とぎれとぎれの声で、息巻いた。男は、定吉の顔をしばらく見た。
「金の心配なら、しなくていい。」
　そう言って、脈をとるために、再び定吉の手を取った。ごつごつと大きな強い手が定吉の手を包むと、定吉は静かに目を閉じた。定吉の目からあふれるなみだは、ほおを伝わり、首をぬらしていた。
「ゆっくりと休むことだ。」
　そう言うと、男は部屋を出て行った。
　男の名は小川笙船。江戸の町でも有名なうでの良い医者だった。身分の高い者たちは、高いしんりょう代を余計に包み、もてなし、笙船を大事にしていた。そのような者たちだけをしんりょうしていても十分に豊かな暮らしをしていける。それでも笙船は、貧しく医者にかかる金もない者にも手厚くしんりょうをほどこした。江戸の町には、定吉のような家も身よりも金もない病人がたくさんいたのだ。助かる者はいい。手当てをしても、死んでいく者も多く、笙船は胸を痛めていた。
　そのころ江戸では、貧しい病人は、笙船のしんりょう所では受け入れられないほ

どの数になっていた。笙船は、殿様にこの事実を伝え、ついに、殿様の命令で貧しい者たちが安心してみてもらえる小石川養生所がつくられた。そして、笙船はそこを取り仕切ることになった。養生所は何百人もの患者であふれ返った。自分と同じ志のある若い医者を養生所に呼び寄せ、治療の仕方を実際にやって見せて学ばせた。多くの病人の診察や、若い医者たちへの指導で、笙船は目が回るような毎日であった。

しかし、どんなにつかれていても、夜には若い医者に任せた治療がまちがっていないか確認した。そして、若い医者たちのなやみや疑問が書かれた日誌に夜おそくまで目を通し、一人一人に声をかけ、いたわった。一方で医者としての姿は厳しく示したのである。

こうして、志ある医者を育て、薬となる薬草を育てながら、定吉にしたように手厚く、貧しい病人の面倒を見た。

はらう金もなかった定吉は、養生所の井戸から水をくむ仕事をして、笙船への恩返しをしていた。

ある日、水をくんでいると、あの日、となりでねていた男が、自分の畑で採れたたくさんの大根を養生所に届けに来た。この男もいまだに金をはらえずにいた。
「先生、先生はおられるかあ。先生に食べてもらうんじゃ！」

男は、すっかり元気になっていた。土だらけの手で背負っていたかごを下ろし、笙船の姿を見つけると、日に焼けた顔は満面の笑顔になった。

笙船もまた、うれしそうだった。笙船は男とかごに手を合わせた。そして、大根のかごを受け取り高々とかかげると、養生所にはみんなの笑顔と拍手の音が広がった。

笙船のおかげでできた養生所はその役割を終え、現在は小石川植物園となっている。植物園の中には、笙船や貧しい江戸の町人のたくさんの思いと共に、今も、井戸がひっそりとねむっている。

14 青の洞門

① 主題名　よりよく生きる喜び　D—(22)
② ねらい　親の仇を討とうとしていた，実之助の変容を通して，よりよく生きようとする人間の強さや気高さを理解し，人間として生きる喜びを感じようとする道徳的心情をはぐくむ。
③ 出　典　『道徳6　明日をめざして』東京書籍

1．教材解説

① あらすじ：その昔，主人殺しの罪を犯し，今は僧侶として旅をする了海は，豊前の国にある難所の絶壁をくりぬいて道を通そうと決意を固め，一人岩山を掘り続けていく。19年目のある日，一人の侍が洞穴の入り口にやってきた。了海に父を殺された実之助であった。実之助は，あわれな老人に姿を変えた了海の様子を見て，この老人の最後の仕事を見届けるまでは，仇を討つことは待とうとする。やがて，了海の横で，実之助ものみをふるいだす。そして，ついに洞門が完成したのだった。

② 教材の読み
(1) 生き方についての考えを深めるのは……実之助。
(2) 考えを深めるきっかけは……さあ，実之助さま，お切りください。
(3) 考えを深めるところは……了海の手を取り，固く握りしめた。

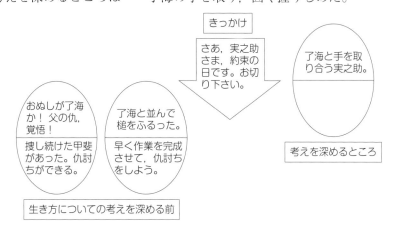

2．指導のポイント

① 範読に10分以上かかる長い教材である。中心発問の時間を確保するためには，導入や基本発問に時間をかけすぎないよう配慮する必要がある。
② 中心発問までは，物語のあらすじを簡潔に振り返りながら進め，基本発問は，仇を討とうとした実之助が，洞門を通そうとする了海の構えに触れて心情を変化させていくところのみを捉えて行う。
③ 中心発問では，実之助が了海を許せた理由を聞くことになるが，問い返しの発問や補助発問をすることにより，了海の人間としての気高さに注目させながら，主題とする「よりよく生きる喜び」について深めていく。

3．展開過程

	学習活動	発問と予想される児童の反応	指導上の留意点
導入	・洞門について知る。		・絵を見せながらごく簡単に説明する。
展開	・範読を聞く。 ・了海のつち音と念仏を聞くことになった実之助の心情を考える。	・教材を範読する。 実之助は，ほら穴の中に響く力強いつち音と念仏を聞いて，何を考えたのでしょう。 ・なぜこんなに力強い音なんだ。 ・音が怖い。 ・念仏が不気味だ。 ・念仏に何をこめているのだろう。 ・今，殺すのは違うのではないか。	・教材を範読する。 ・ほら穴の入り口で出会った弱々しい老僧の姿とは思えない力強さを感じ取る実之助の心情を考えさせる。
	・実之助が了海を許せたわけを考える。	実之助が了海を許すことができたのはどうしてでしょう。 ・了海を殺しても，父親は帰ってこない。 ・切ろうとしても了海は逃げなかったから。 　㊉逃げなかったらなぜ許せるの？ ・大仕事を成し遂げて，憎しみが消えた。 　㊉大仕事を成し遂げれば，なぜ憎しみが消えたの？ ・了海を心から尊敬できたから。 　㊉実之助は了海の何を尊敬できたの。 ・仇を討つことよりも，人として何が大切なのかが分かったから。 　㊉人として大切なことってなに？ ・仇である了海は，すでに死んでいると思えたから。 ・もう仇討は終わった。自分の人生を生きようと思ったから。	・人のために掘ることはすばらしい，罪が償われただけの美談で終わらないように，問い返しの発問により，了海の人間としての気高さに気づかせ，主題とする「よりよく生きる喜び」について深めていく。
終末	・感想を書く。		・感想を書かせる。

4．板書記録

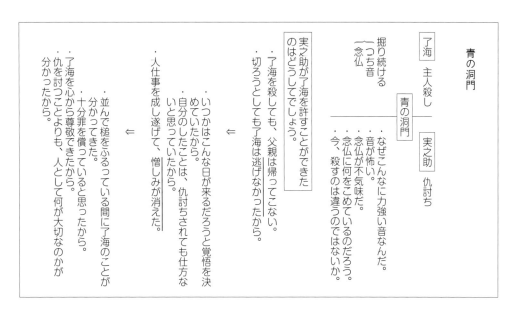

5．授業記録〈中心発問より〉

T：実之助が了海を許すことができたのはどうしてでしょう。
C1：みんなのために命を使っていることが、実之助に伝わったから。
T：親が殺されたのに？
C2：親のかたきを討ったことにはならない。
C3：一生の仕事をしてるから、待ってやろうと思った。
C4：今、殺しても意味がないから。
T：どういうこと。
C4：人助けをしているから。
T：人助けをしていたら、許せるの。
C：（許せない。）（許せるわけがない。）
T：でも、殺さなかった。
C5：ふたりは、過去のすべてを水に流して感激の涙を流した。
T：どうして。
C6：何年も一緒に仕事をしたから。
T：そうすると許せるの。
C7：できると思う。ずっと恨むようなことはない。
C8：でも、やっぱり、許せない。
C9：許せないと思う。20年も、追ってきたのに。

C10：了海が，死ぬ思いで，穴を掘ってるのがわかったからではないかな。
 T ：実之助が，了海を許すことができたのはどうしてだと思いますか。
C11：了海が死に物狂いでがんばっていることが伝わったから。
C12：死んでもいいっていう覚悟，殺されてもいいのではなくて，この仕事を成し遂げる命だけあればいいっていうのがあったと思う。そんな気持ちが，実之助にも通じたからだと思う。
C13：それって，達成感。
 C ：（はあ，どういうこと？）（達成感？）
C13：了海と，実之助が同じ達成感を味わった。
 T ：同じ達成感なの。
C13：うん。二人で仕事をして，穴を開けた。人のために，人を救う仕事を，二人でしたから。それが，よくわからんけど，すごいことだったと思う。
C13：で，人を救うために，はじめたのは了海で，本当は，優しい気持ちを持っていることに気づいた。全部できた時の，喜びとか，感動とかを一緒に味わった。なんだか，同じ感動を味わうのは，すごく大きいことだと思う。
 C ：（おお。）（そうか，感動か。）

6．児童の感想

・実之助は，ものすごく了海のことを憎んでいたと思う。でも，C13さんの言ったとおり，あんな大仕事を成し遂げた時の感動を，一緒に味わえたのはすごく大きいことだと思う。

・実之助は，親のかたきを討つことだけを考えて，20年間生きてきたけど，かたきだった了海に，尊敬というか，すごくすてきなところを見つけることができたんだと思う。それは，実之助がすぐに，了海を殺していては見ることができなかったし，すごいことだと思う。

・すごい話だった。親を殺されたのに本当に，人は，許すことができるのかわからない。でも，仇を討つことだけを考えて，ずっと探し続けていた時間より，了海の仕事を一緒にやっていた時の方が，生きている意味みたいなことを感じたのだと思う。

・何年もかかって，本当に，岩山にトンネルを掘ることはすごいことだと思う。その姿を見たから，実之助は，殺すことをやめたんだと思う。弱々しい老人だから，殺さなかったのではなくて，すごく強い人に見えたんじゃないかなと思う。

・実之助も，了海もすごい人だと思う。すごく憎んでいた人を殺さなかった実之助も，仇を討ちにきた相手から逃げずに，穴を掘り続けた了海も，強い人だと思う。

7. 同じ内容項目の他の教材

「おフミさん」(『小学校道徳　新　生きる力5』日本文教出版)
「美しいお面」(『みんなの道徳　5年』学研)
「銀のしょく台」(『6年生のどうとく』文渓堂)

青の洞門

　享保九年（1724年）の秋であった。一人の旅僧が、流れの清らかな豊前の国（現在の大分県と福岡県の一部）山国川にそった道を歩いていた。すると、水死人を囲んで村人がさわいでいるのに出会った。
「よいところへ来られた。念仏を唱えてくだされ。……ごぞんじあるまいが、この川を少しのぼると、くさりわたしという難所があって、この男は、今朝、くさりわたしから落ちて死んだのじゃ。」
と、その中の一人が言った。こういうめにあう者が、年に十人もあるということであった。僧は念仏をすませると、足を速めてくさりわたしへと急いだ。
　松、スギなどの丸太を、くさりで連ねた道が、ぜっぺきの中腹をあぶなげに伝っている。そのぜっぺきのすそを、山国川の流れがうずまいていた。
　僧は岩かべにすがり、ふるえる足をふみしめて、ようやくくさりわたしをわたり終えた。そして、ぜっぺきをふり向いた。そのしゅんかん、僧の心に、とつぜんわきおこったものがあった。それは、三百メートルにもおよぶこの大ぜっぺきをくりぬいて、道を通そうという大きな願いであった。
　決心した僧は、寄付を求めて村々を歩き回った。しかし、村人はこの計画を聞いて、ただあざけり笑うだけであった。
　数日後、僧は、ただ一人でこの岩かべに立ち向かう決心をした。全身の力をこめて、第一のつちをふるった。が、ほんの二、三片のかけらが飛び散っただけであった。
　僧は了海といい、もとさむらいで、主人殺しの罪をおかしていた。そのうえ、山の中ににげこみ、旅人を殺しては金をうばっていた。けれども、心はいつも良心に苦しめられていた。あるとき、とうとうがまんができなくなり、僧になる決心をした。苦しい修行ののち、世のため人のためになることをしようと、病人を助けたり、村の橋を直したりしながら、諸国をめぐり歩いていたのである。
　村人は寄りつかなかった。了海は岩かべのそばに小屋を建て、昼も夜も、つちをふるっていた。雨がふり、風がふきあれても、岩かべを打ちくだくのみの音は絶えることがなかった。

　五年たち、了海は十五メートルほどほり進んだ。かみもひげもぼうぼうとなり、ころもはぼろぼろになった。村人は不気味になってきた。が、だれ一人手伝おうとはしなかった。九年の月日が流れた。あなは四十メートルになった。
　村人はやっと気づいた。金を出し合って、何人かの石工をやとった。

しかし、明くる年になると、石工のすがたは消え、やがてまた了海一人がほらあなの中に残った。
　いつしか月日は十八年もたち、岩かべはその半分をほられていた。村人はもう成功をうたがわなかった。そして、前に、手助けをしながらとちゅうでやめてしまったことを、心からはじた。
　ふたたび、村々からおおぜいの石工が集められ、工事はどんどん進み始めた。一日として休んだことのない了海は、なんとか命のある間に工事を完成させたいと、なおもつちをふるっていた。

　十九年めのある日、一人のさむらいがほらあなの入り口にやってきた。
　了海に会いたいというこのさむらいは、了海が殺した主人のむすこ実之助であった。かたきうちの旅に出てから九年、諸国をさがし続けてきた。長い間の苦労が、ようやく、むくわれるときが来たのだ。
　岩をこれほどほり続けてきた了海は、年を取ったとはいえ、よほどたくましい男であろうと、実之助は想像して、油断なく待ち構えた。しかし、出てきた老僧は、人間とは思えないすがたをしていた。かみとひげはのびほうだい、ほねと皮にやせ、足もいうことを聞かず、やっとはい出てきたのだ。おまけに、飛び散る岩のかけらのため、目も悪くしていた。
　あわれなすがたに、実之助の張りつめていた気持ちは、いっしゅんひるんだ。が、かたきはかたきである。
「おお、おぬしが了海か！　わしは、おぬしに殺された中川三郎兵衛のむすこ実之助。父のかたき、かくご！」
　了海は、にげもかくれもしなかった。洞門の完成を見られないのが心残りではあったが、もともと罪ほろぼしに始めたこと、かくごを決めた。進んで切られようとした。が、わけを知った石工たちは、
「せめて、洞門が完成するまで待ってくれ。」
と言って、実之助の前に立ちはだかった。
　実之助は、その場はしかたなく引きさがったものの、機会があれば、ほらあなにしのびこんで、かたきをうとうと考えた。
　その機会が来た。
　数日後の夜ふけ、実之助は、そっと小屋を出た。ほらあなを手さぐりで進んでいく。と、おくのほうから「カッ、カッ……」という音がひびいてきた。進むにつれてその音は、するどく大きくなってくる。それは、了海がつちをふるう音であった。真夜中、人は去り、草木もねむっているときに、ただ一人、暗いほらあなの底でつちをふるう音であった。
　ほらあな中にひびく力強いつち音にまじって、低い、うめくような念仏の声も聞

こえてくる……。
　実之助の体は，ぶるぶるとふるえ始めた。冷たいあせが流れた……。
　つち音と念仏の声とは，実之助の決心をさんざんに打ちくだいてしまった。かれは，いさぎよく，了海の大事業の完成を待ってやろうと思った。
　そのことがあって間もなく，石工たちにまじって，実之助も働き始めた。ぼんやりと待つよりも，力を貸したほうが，早く完成の日が来るとさとったのである。
　了海と実之助がならんでつちをふるった。二人(ふたり)はそれぞれの目的のため，石工たちがねむっている夜中にも，一心に岩をくだいた。

　一年六か月が過ぎた。
　ある秋の夜ふけ，了海が力をこめてふりおろした右手が，なんの手ごたえもなく，力余って岩に当った。と，その小さなあなから，かすんだ了海の目に，月の光に照らされた山国川の流れが，はっきりとうつったのである。
「おう！」
と，了海は全身からしぼり出すような声をあげた。続いて，くるったような泣き笑いが，ほらあなにこだました。
「実之助さま，ごらんなされ。二十一年の念願を，今，果たすことができ申した！」
　了海はこう言いながら実之助の手を取って，小さなあなから山国川の流れを見せた。二人は手を取り合って，喜びのなみだにむせんだ。
「さあ，実之助さま，約束の日です。お切りください。このような，喜びのまっただなかで死ねることは，まことに幸せです。さあ，早く……。夜が明けると，また，石工たちがじゃまをするでしょう。」
　しかし，実之助は，ただすわったままである。
　思いをとげて，心の底からわき出てくる喜びのなみだにむせんでいる老僧を見ていると，かれをかたきとして殺すことなど，とてもできなくなってしまった。今は，ふくしゅう心よりも，か弱い人間の二本の手で成しとげられた，偉大(いだい)な事業に対するおどろきと感激(かんげき)で，むねがいっぱいであった。
　実之助は，ふたたび了海の手を取り，固くにぎりしめた。
　二人はそこに全てをわすれて，感激のなみだにむせび合った。

　　　　　　　　　　　　　　　　　　　　　　　　（菊池　寛　作による）

第5章
中学校の道徳科の授業をつくる

1　ジョイス〈A―⑷〉
2　車いすの少年〈B―⑹〉
3　月明かりで見送った夜汽車〈B―⑹〉
4　吾一と京造〈B―⑻〉
5　バスと赤ちゃん〈C―⑿〉
6　語りかける目〈C―⒁〉
7　二枚の写真〈C―⒂〉
8　海と空―樫野の人々―〈C―⒅〉
9　キミばあちゃんの椿〈D―⒆〉
10　いつわりのバイオリン〈D―⒇〉

1 ジョイス

① 主題名　希望と勇気，克己と強い意志　A―(4)
② ねらい　ジョイスの生き方を通して，より高い目標を設定し，その達成を目指し，希望と勇気を持ち，困難や失敗を乗り越えて着実にやり遂げようとする道徳的実践意欲を育む。
③ 出　典　『中学生の道徳3　自分をのばす』廣済堂あかつき

1．教材解説

① あらすじ：MLBの審判ジム・ジョイスはガラーラガの完全試合を自らの誤審でつぶしてしまう。試合終了後，気づいたジョイスはガラーラガに泣きながら謝り続ける。ガラーラガは許すが全米は大変な騒ぎとなり，メディアはジョイスを責め，ネット上では非難と批判があふれかえる。翌日，ジョイスは同じカードの球審としてグラウンドに現れる。スタンドからは強烈なブーイングが起こるが，監督の計らいでメンバー表を持ったガラーラガとジョイスが固い握手を交わした。様子を見ていたファンのブーイングは二人を包む拍手にかわっていった。

② 教材の読み
　(1) 生き方についての考えを深めるのは……ジム・ジョイス。
　(2) 考えを深めるきっかけは……謝罪したジョイスをガラーラガが許す。
　(3) 考えを深めるところは……誤審をした日の眠れない夜。

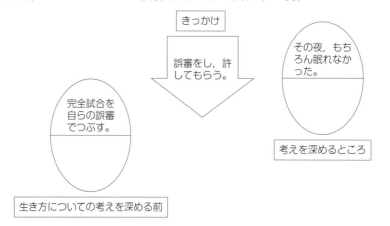

2．指導のポイント

① 導入は簡単に。めあてとして，道徳科の時間は「人間の魅力」を考える時間だと。終末で今日の「人間の魅力」を考えさせ，ねらいとする道徳的価値について整理させる。
② 誤審が分かりすぐに謝罪するジョイス。その行動とそれを支える思いを押さえる。（なおこの出来事などがきっかけとなりMLBや日本のプロ野球にもビデオ判定が導入されることとなる）
③ 中心発問とその問い返しに時間をかける（25分から30分・全員発表）。問い返しや中心発問を書くスペースを空けて板書は時系列を基本としながら生徒の答えを構造的にする。中心発問の答え（板書）は「過去・反省，後悔」「現在・感謝，謝罪」「未来・決意」等に分類して書き分ける。
④ 補助発問の中で，ガラガーガや監督がなぜジョイスを許し，庇うのか。ジョイスの何がそうさせたのかを考えさせる。さらに，ジョイスが人生を懸けて審判をやろうとするその原動力を考えさせる。

3．展開過程

	学習活動	発問と予想される児童の反応	指導上の留意点
導入	・人間の魅力を考える。	○ MLB，知ってますか。 ・メジャーリーグ（大リーグ）ベースボールの略	・軽くあつかう。
展開	・範読を聞く。 ・登場人物を把握する。 ・誤審がわかったときのジョイスの気持ちを考える。 ・ジョイスが自分の人生をかけて審判をしていることを考える。	・ジョイス（大リーグ審判） ・ガラガーガ（ピッチャー） 泣きながら謝りつづけ，ジョイスは何を考えていたのだろう。 ・私の誤審がガラガーガの完全試合をつぶしてしまった。謝ってすむ問題ではない。 ・自分は今後審判としてやっていけるだろうか。 ジョイスは眠れないその夜，どんなことを考えていたのだろう。 ・なんてことを自分はしてしまったのだろう。どう償えばいいのかわからない。 ・どうすれば失った信用を取り戻せるだろうか。 ・誤審の責任をとって明日の球審はやめた方がいいのだろうか。 ・ガラガーガがよく許してくれた。どれだけ感謝しても足りないくらいだ。 ・これからは誤審をしないよう職務を全うするのが自分の役割で，それが責任をとることだ。	・教材を範読する。 ・登場人物を整理する。 ・謝ってすむ問題ではないが，ジョイスが自分にできることは何かを考えさせる。 ・誤審の責任を取ること，審判としてのジョイスの生き方を考えさせる。 ※ジョイスは批判されてもなぜ翌日，審判ができたの？（問題解決的学習）

展開	・ガララーガや監督がなぜジョイスを庇うのか考える。	・正確なジャッジをすることが償うことだ。 ・逃げても何の解決にもならない。 ・誤審の責任をとるために自ら苦しい道を選ぶ。 補 ガララーガはジョイスをどう思って許したのだろう。監督はなぜガララーガにメンバー表を持たせたのだろう。 ・自ら過ちを認め，すぐに謝罪したジョイスの潔さ誠実さを感じたから。	・ガラガーガや監督がなぜジョイスを許し，庇うのか。ジョイスの何がそうさせるのかを考えさせる。
	・ジョイスが審判を続けるのはなぜか，考える。	補 ジョイスはどうして審判として頑張るのだろう。 ・審判の職務は大変な仕事だ。だから頑張りたい。 ・しっかり審判することが自分の誇りだ。	・ジョイスが人生を懸けて審判をやろうとする，その原動力を考えさせる。
	・今日の魅力を考えさせる。	○今日の魅力は何だろう。 ・理想をもって前向きに生きよう。 ・自分の仕事に命を懸ける。	・すべて受け止める。
終末	・感想を書く。		・道徳ノート（感想用紙）に記入させる。

4．板書記録

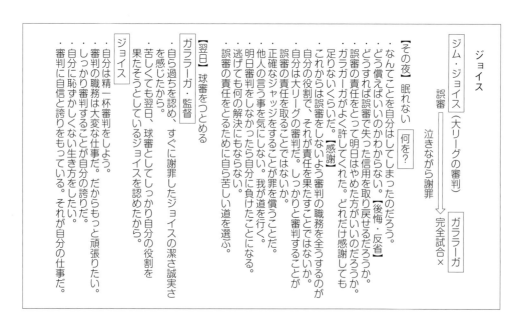

5．授業記録〈中心発問より〉

T：ジョイスは眠れないその夜，どんなことを考えていたのだろう。
S1：明日も誤審したらどうしよう。
S2：世間からの批判が怖い。
S3：誤審して完全試合をつぶしたことを後悔している。

S4：どうやって責任とろう。
S5：明日こそは絶対に誤審とかしないと決意した。
S6：自分がやってしまった失敗の大きさを考えている。
S7：ガララーガの完全試合を自分が壊してしまって，申し訳ないって気持ち。

　　　⋮

 T：ところがジョイスは，翌日ブーイングの嵐の中，球審のいでたちで現れる。なぜジョイスはこんなに頑張るのですか？
S17：いつまでも引きずってたらあかん。ガララーガが許してくれた。
S18：自分が行かなかったら何も変わらない。出なかったら意味がない。
S19：逃げてたらもっと言われるから。
S20：覚悟があったから。しうちを受けるのは分かっていたけど試合に出たい。
S21：完全試合をつぶしてしまった責任があるから。

　　　⋮

S27：もしここでジョイスが出なかったら，これから先誤審をした審判は出れないという前例を作ってしまうから。
 T：ガララーガはジョイスをどう思って許したの。監督はなぜガララーガにメンバー表を持たせたの。ジョイスの何がそうさせたのだろう。
S28：ジョイスには自分が犯した過ちを潔く認める力がある。
S29：自分のしたことをちゃんと心の底から反省している。
S30：自分の誤審を認めて，ちゃんと次の試合にも出たからすごいなと。

　　　⋮

 T：なんでジョイスはすぐに過ちを認め，心の底から反省し，逃げずに，試合に出て，仕事を全うし，折れない精神力をもつの？　なぜジョイスはこんな生き方をするの？
S36：野球が好きやから。
S37：自分がやりたい仕事やから。
S38：恥ずかしいことをしても自分は前向きに生きる。
S39：野球を好きな子どもたちが自分がミスをしたときに逃げてしまうから。

6．生徒の感想

・今日感じたことは，失敗してもそこでずっと立ち止まって，どうしようどうしようと考えるのではなく，失敗した翌日にも球審をするという，ただでさえ，希望

や自信が失った彼が，次の日できるというのは，本当に勇気のある人だなと思いました。それに私自身感じたことは，ジョイスは一度失敗してしまったが，またチャレンジし，見直してほしいというのではなく，ありのままのジョイスなのではないのかなと感じました。
・ジョイスが誤審してしまったことに対して，すぐにガララーガに謝るという勇気がすごいと思いました。ジョイスは前日にとても大きな失敗をしたのに，翌日には，もっと責任感のすごい仕事をやれるという勇気が魅力だと思いました。
・ジョイスはブーイングの嵐がきたけど逃げ出さずに審判として試合に出てきたところが今回の授業の魅力だと思う。人間は失敗するがそこであきらめずに立ち上がることが大事なんだと分かりました。ぼくもこれからどんな嫌なことがあっても逃げ出さずに自分から立ち向かっていこうと思います。今日の授業は楽しかった。
・今日の魅力は，最後まであきらめないでやりきったことと思います。泣きながら謝って，審判として逃げ出さなかったのがすごいと思いました。私はそんな勇気がありません。だからほんとにすごいと思った。
・ガララーガの完全試合をつぶしてしまった責任は重いけれど，前に進んで試合の審判を出来ることはすごいと思いました。私は責任の重さから逃げてしまったことがあります。今でもとても悔しいです。もう一度同じことが出来るなら逃げずに前に進みたいと思います。

7．同じ内容項目の他の教材

「米屋の奥さんの足音」（『中学生の道徳1　自分を見つめる』廣済堂あかつき）
「ロスタイムのつづき」（『中学生の道徳2　自分を考える』廣済堂あかつき）
「脚本家が出来上がるまで。」（『中学生の道徳3　自分をのばす』廣済堂あかつき）
「風に立つライオン」（『中学生の道徳3　自分をのばす』廣済堂あかつき）

ジョイス

2010年6月2日。
　MLBデトロイト・タイガースの本拠地コメリカ・パークは最終回九回の表，クリーブランド・インディアンスの攻撃だった。
　マウンドにはタイガースのアーマンド・ガララーガ。インディアンスの打者ドナルドを打ち取ると「完全試合」達成という劇的な場面だった。
　ドナルドの打球は一，二塁間へのゆるいゴロだった。一塁手が捕球し一塁のベースカバーに入ったガララーガに送球，自らが栄光のウイニングボールを手にした，はずだった。
　しかし，その試合で一塁の審判をしていたジム・ジョイスは両手を大きく開いた。「セーフ」の判定だ。その瞬間にガララーガの完全試合達成という偉業は夢と消えた。
　どうみてもアウトのタイミングにスタンドの観客は騒然となり，タイガースの監督が抗議にダッグアウトを飛び出した。ガララーガは「えっ」という表情をしながらもマウンドに戻っていった。
　ジョイスは，監督の抗議にも応じず「セーフ」の判定を翻すことはなかった。
　ブーイングの嵐にスタジアムが包まれる中，ガララーガは落ち着いて次の打者を打ち取り，完封勝利をおさめた。しかし完全試合の達成と比べたら，それは雲泥の差といってよかった。
　このころアメリカでは，大記録の達成が現実味を帯びてくると，各テレビ局が番組を切り替えて，その瞬間を臨時放送するようになっていた。この試合も例外ではなかった。ドナルドが最後の打者になるはずの場面は，全米の人が固唾をのんで観戦していた。
　映像はくり返しリプレイされた。誤審は明らかだった。ガララーガが捕球し彼の右足がファーストベースを踏んだとき，ランナーはまだ1フィート以上も手前だった。どうみてもアウトであり，これは完全試合の達成であることは明らかだった。試合が終わる前から，全米はたいへんな騒ぎになっていた。

　試合終了後，ジョイスは審判のロッカールームで自分が「セーフ」の判定をした場面のリプレイを見た。そして，自分の明らかなミスを確信したとき，顔を真っ赤にして大きな叫び声をあげた。
　ジョイスは殺到する報道陣の前に姿を現し，震える声で言った。
「彼の完全試合を自分がつぶしてしまった」

そしてすぐにタイガースの監督に「ガララーガに会いたい」と申し入れた。
　しばらくしてガララーガがやってきた。
　ガララーガが目にしたジョイスは，いつもグラウンドで自信に満ちたジャッジをする彼とは，別人のようだった。ガララーガはジョイスに歩み寄り，黙ってその肩を引き寄せた。
　ふたりは抱き合った。
　ジョイスは泣きながら謝りつづけた。ガララーガは九回を投げ抜いたその右手で，彼の肩をやさしく叩いた。
　自軍のロッカールームに戻るときガララーガは報道陣に語った。
「おそらく彼の方がぼくよりもつらい思いをしている。誰にだって間違いはある。シャワーも浴びずに謝罪に来た彼を讃えるべきだろう」
　当事者同士の和解は成立したが，しかし世間の騒ぎはおさまらなかった。
　映像メディアはくり返しくり返しこの場面を流し，「世紀の誤審」とジョイスを責め立てた。
　翌日の新聞には「完全犯罪」という見出しの記事が載った。
　ネット上ではジョイスに対する非難と批判のコメントがあふれかえっていた。

　ジョイスは，もちろんその夜眠れなかった。
　しかも翌日は同じカードの球審を担当することになっていた。
　彼を心配する関係者は，審判をはずれることを勧めた。しかし，ジョイスはそうせず，6月3日のグラウンドに球審のいでたちで現れた。スタンドからは昨日にもまして強烈なブーイングが嵐のように巻き起こった。ジョイスにとって，この仕打ちは覚悟のうえだったが，彼はまっすぐホームプレート近くに進み，試合前に両軍の監督が行うメンバー表の交換をうながした。
　ところがこの日，タイガースのメンバー表を持ってダッグアウトから現れたのは監督ではなかった。ガララーガだった。タイガースの監督がガララーガにメンバー表を持たせたのだ。ガララーガがジョイスに歩み寄る。そして手を差し伸べ，二人は固い握手を交わした。
　ジョイスの目に，ふたたび涙があふれた。こみあげる涙を右手でぬぐった。メンバー表を渡し，ガララーガはジョイスの肩を軽く叩いた。ジョイスも引き上げようとするガララーガの肩に触れた。
　この予期しない光景に一瞬戸惑ったように静まったブーイングが，ダッグアウトに戻っていくガララーガを見送る拍手へとかわっていった。
　そしてその拍手はやがて，二人を包むぬくもりとなって，空に響いていった。

（藤井裕喜　作による）

2 車いすの少年

① 主題名　思いやり，感謝　B—(6)
② ねらい　車いすの少年と彼を助けた勤め人との関わりを見た私の思いを考えることを通して，思いやりの心をもって人に接し，多くの人々の善意により日々の生活や現在の自分があることに感謝し，進んでそれに応え，人間愛の精神を深めようとする道徳的実践意欲を育む。
③ 出　典　『中学生の道徳　道しるべ２』正進社

1．教材解説

① あらすじ：ロンドンを訪れた私は，車輪を道路の側溝に落としてしまった車いすの少年を助けようとするが，勤め人らしい外国人たちに「やめるんだ。」と止められ，疑問に思いながら手を引く。やがて，少年のそばで声援を送る外国人にあわせて私も大声で声援を送るようになる。少年の車いすが路上に戻ると，いっせいに拍手がわき起こった。喜びに浸る少年の口から「サンキュウー。」というお礼が出ると，人々の群れは，何事もなかったように散っていくのだった。

② 教材の読み
　(1) 生き方についての考えを深めるのは……私。
　(2) 考えを深めるきっかけは……勤め人たちが声援を送っているのを見たこと。
　(3) 考えを深めるところは……少年の「サンキュウー」の言葉とともに散っていく人々を見る私の思い。

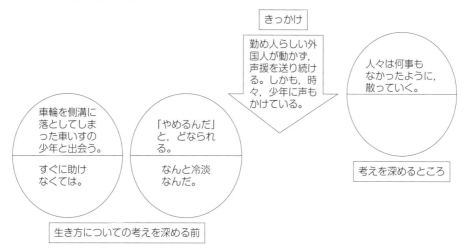

2．指導のポイント

① 相手の立場に立って，その思いを考えて行うことが本当の思いやりであるということを考え，思いやりについての理解を深める教材である。
② 私に「やめるんだ」と怒鳴りながらも，声援を続ける勤め人らしい外国人の思い，そして，「サンキュー」と言った時の車いす少年の思いをしっかり考えさせる。
③ 勤め人らしい外国人と車いすの少年の思いを考えさせた上で，その両者の関わりを見た私の思いや気づきをしっかり考えさせたい。
④ あくまでも，どこの国にも共通する「思いやり」について考える教材なので，国柄によって思いやりが違うんだという方向のみに行かないように気をつける。

3．展開過程

	学習活動	発問と予想される生徒の反応	指導上の留意点
導入	・車いすの経験を話す。	車いすに乗ったことがありますか？	・短時間で済ませる。
展開	・範読を聞く。 ・「やめろ」と言われた私の思いを考える。	「やめなさい，やめるんだ。」と言われて，私は，どんなことを考えたでしょう？ ・助けようとしているのに。　・悔しい。 ・そんなに，怒ったように言わなくてもいいのに。 ・なんて冷たいんだ。 ・少年が困っているのがわからないのか。	・教材を範読する。 ・結局，手を引いたことを確認する。
	・少年の周りにいた，勤め人らしい人の思いを考える。	勤め人らしい人は，私にどうして助けるのをやめろと言ったのでしょう？ ・少年が頑張ろうとしているから。 ・少年の力で脱出させたいから，それができないとダメだから。 返どうして？ 補助けないなら，別にその場にいる必要はないのでは？　どうして，離れない？ ・どうしてもダメな時は，助ける。 ・何かあったらダメだから。 ・応援してあげたい。 ・頑張らせる責任がある。ほっておけない。 返いつも自分でがんばらせるのがいいのかな？	・私を止めた勤め人らしい人の思いを考えさせる。
	・喜びに浸りながら，「サンキュー」と言った少年の思いを考える。	少年は，何に対して「サンキュー」と言ったのでしょう？（助けてもくれてないのに） ・最後まで，自分にやらせてくれたこと。 ・応援してくれたこと。 返どうして応援してくれたことがうれしいの。	・少年の「サンキュー」の真意を考えさせる。

2 車いすの少年

展開	・このできごとを経験した私の思いを考える。	人々の群れが，何事もなく散っていったあと，私は，どんなことを考えたでしょう？ ・たくさんの人が応援してくれたな ・この国では，これが当たり前なんだろうか？ 　返何が当たり前？ ・こういうやり方もあったのか。 　返どんなやり方？ ・簡単に手助けすることだけが，思いやりではないんだな。 ・相手の思いとか，相手のこれからのこととか考えてしなくてはいけないだ。	・何事もなく散っていく人々を見る私の思いを考えさせる。
終末	・感想を書く		・感想を書かせる

4．板書記録

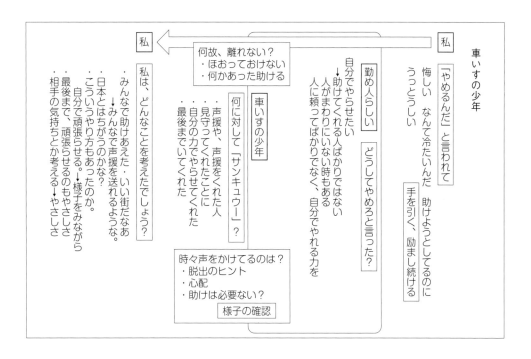

5．授業記録〈中心発問より〉

T：少年が道にちゃんと戻って，みんな，何事もなかったように散っていった。その時に私はどんなこと思ったでしょう？　はじめは，どうしてだ，悔しい，うっとおしい，と思ってたけど，この光景をみてどう思ったのかな？

S1：みんな助け合えた。

T：こういうのって，いいですね。

S2：みんなのおかげで，がんばれた。
T ：私は，別にみんなに言われてがんばってないと思いますが。
S2：少年が，みんなのおかげで助かったなあ。
S3：いい街やなあ。
T ：何が，いい街？
S3：日本とはちがう。みんなで声援してがんばらせるんだなあ。
S4：イギリスみたいなのもいいなあ。
T ：何が？
S4：最後まで，一人で頑張らせること。
S5：こういうふうに最後までやらせる，やさしさもあるんだなあ。
T ：では，いつも，この話にあるように，一人で頑張らせるのがいいのかな？
S6：様子見ながらやることが大切。
S7：相手の気持ちとか考えてすることが大切で，それがやさしさ。
T ：そうですね。それって大切ですよね。
T ：最後まで頑張らせる，声援を続けるのは，それをするのも大変ですよね。この話みたいに，できるまで一緒にいることになりますよね。

6．生徒の感想

・やさしさにたくさんの種類があるとわかったし，手のさしのべ方もたくさんあるということも勉強できました。人にやさしくすると，自分も気持ちいいし，相手もうれしいと思うから，これからもやさしさを持って日々過ごしたいと思いました。今日の教材にあったような手のさしのべ方をしたことがないなあと，自分を振り返って思いました。

・とてもいいお話の教材で，いつも以上に色々考えることができました。まず思ったことは，お話の中の「やめろ」と言った人たちの「やめろ」も一つの優しさなのかと思いました。この話は，色々な言葉にやさしさがあると思いました。

・一人でやらせることで，これからどこに行っても一人でできるとわかった。手伝うのも必要だけど，一人でやらせるのも相手のためだとわかった。相手のことを考えてやさしいと思った。

・一人でやらせてあげる，声援だけの助けないやさしさがあるんだなあと思いました。日本とイギリスで助けかたにも違いがあるのかなあ。一人で乗り切れるようにまわりの人たちが支えるのはすばらしいことだなあと思いました。

・最初は，冷たい人たちだなあと思いましたが，勤め人らしい人は，自分が遅刻するかもしれないのに，声援の言葉をかけ続けて，自分でやらせてやるって，本当は，すごく優しい人たちだと思いました。少年のことをちゃんと考えて，「やめ

なさい，やめるんだ」と言ってたんだろうと思いました。

7．同じ内容項目の他の教材

「背中」(『道徳読み物資料集』日本道徳教育学会近畿支部)
「おばあちゃんの指定席」(『中学生の道徳1　自分をみつめる』廣済堂あかつき)

車いすの少年

　今日のお話は，ヨーロッパにあるイギリスの首都ロンドンで出会った車いすの少年について，わたしの心に今でも残っている思い出です。
　日本を遠く離れて二十日間がたち，そろそろ故郷が恋しくなったころでした。帰国のおみやげを買いたいと思い，朝八時三十分ごろホテルを出たわたしは，市の中央駅に近いショッピングセンターへと歩き始めました。真っ赤に染めたイギリス特有の二階建てバスや，屋根の高い黒光りのタクシーが往来する大通りの交差点に近づこうとしたときでした。車いすに乗った少年が，通勤や通学する人々の群れに交じっていく姿を見つけました。少年は，その群れの中を手際よく通り抜けて，駅に行く信号機のある交差点まで行き右折しようとして，右車輪を道路の側溝に落としてしまったのです。
「危ない！」
　思わず叫んだわたしは，急いで駆けつけました。幸いに横倒しにならずにすみましたが，斜めになった車いすの上で少年は，右車輪に手をかけ，力いっぱい動かそうとしています。わたしは，すばやく車いすの後ろに回り，押し上げようとしました。
「ノー，ノー。」
　突然，わたしの頭上から，外国人と思われる五，六人の声がしたのです。わたしは，耳を疑いました。困っている車いすの少年を助けようとしているわたしを，困っている少年を，ただ見下ろしている人々が「やめなさい，やめるんだ。」と，どなるのですから。しかし，その人々の目は真剣で，今にもつかみかかりそうな雰囲気です。不思議に思い，悔しくさえあったわたしは，その外国人をにらみつけながら，手を引きました。しかし，あまりにも冷淡なその人たちのしうちに驚きながら，わたしは，その少年のそばに立ち励まし続けたのです。
　赤信号になり，また青信号になりました。と，どうでしょう。勤め人らしいその外国人は，動こうとしません。
　しかも，少年に，時々言葉をかけているのです。信号の変わるたびに，多くの人の群れが動き出します。でも，彼らは少年のところを離れません。それどころか，少年の動きに合わせて，大声で声援を送っているではありませんか。いつか，わたしもその一人となって声援を送りました。
　何回か，いや数えきれないほど信号は変わったかもしれません。頑強にはまった右車輪が，突然，コトといった音とともに動いたのです。
「がんばれ，もう少しだ。がんばれ。」

そこがイギリスであること，自分が日本人であることもすっかり忘れて思わず大声で叫びました。声援を送っていた人々も同調して車いすの少年を中心にした，力強い声援の輪がわき起こったのです。赤くほてった顔には，汗が流れ，一生懸命に力を入れる少年の姿は，実に美しく，たくましささえ感じられました。
「よいしょ。」
　力強い少年の声で，反動を使った車いすは，見事，路上に戻ったのです。
「ばんざい，よくやったぞ―。」
　わたしも，外国人も歓声をあげました。並みいる人々からも，いっせいに拍手がわき起こったのです。
「サンキュウー。」
　喜びに浸る少年の口から一言のお礼が出ると，青になった信号に合わせて，人々の群れは，何事もなかったように散っていったのです。

　　　　　　　　　　　　　　　　　　　　　　　　（高井哲郎 作による）

③ 月明かりで見送った夜汽車

① 主題名　思いやり，感謝　B—(6)
② ねらい　国体代表としてⅠ先生が心おきなく出発できるよう配慮する仲間の先生方の気持ちを通して，思いやりの心を持って人と接するとともに，多くの人々の支えや善意により現在の自分があることに感謝し，進んでそれに応え，人間愛の精神を深めようとする道徳的実践意欲を育む。
③ 出　典　『中学生の道徳3　自分をのばす』廣済堂あかつき

1．教材解説

① あらすじ：事務職員の私は，小学校で先生方と共に文化祭の準備を行っていた。午後8時過ぎ，国体代表だったⅠ先生は，作業途中に申し訳なさそうに出かけた。学年主任のY先生は，Ⅰ先生が安心して行けるよう，Ⅰ先生の乗っている列車が学校付近を通る時間に校内の電気を全て消そうと提案する。ブレーカーが落されると，暗闇の中から先生方のオーという声と拍手が聞こえた。Ⅰ先生を乗せた夜汽車が通り過ぎるのを，私は胸を熱くしながら眺めた。

② 教材の読み
　(1) 生き方についての考えを深めるのは……私。
　(2) 考えを深めるきっかけは……ブレーカーが落され，あたりが真っ暗になる。
　(3) 考えを深めるところは……暗闇の中から聞こえる，オーという声と，拍手。

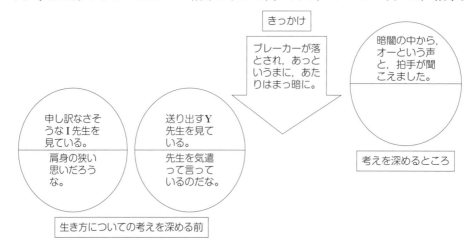

2．指導のポイント

① この教材は，善意の行動をきっかけにその「場」の雰囲気やその「場」にいる人々に"善"の思いや感情が溢れるという教材である。したがって，1人の登場人物だけに注目するのではなく，「場」を構成するそれぞれの人々の思いや考えを理解する必要がある。

② 指導案では，生徒が考えやすいように，発問の視点をそれぞれの行為者である登場人物に焦点を当てて発問しているが，主人公「私」で統一した発問をしてもよい。たとえば，第一発問「私は，I先生がどんな思いでY先生に出発しなければならないことを話したと感じていただろう。」でもよい。

③ "思いやりは双方向"であることが，教材全体に醸し出されている。Y先生やその他の先生方のI先生への思いとともに，I先生が国体代表として作業途中で出ることに申し訳なさを感じていることも押さえ，I先生も他の先生方に対して思いやりの心を持っていることを理解させておきたい。そうすることで，普段から互いへの気遣いや配慮が大切であることに，思いを馳せる生徒も出てくると思われる。

④ I先生が，受けた思いやりに気付くことなく安心して出発したという点で，真の思いやりとは相手の負担にならないような配慮がなされたものであること，また，見返りを求めない，無私のものであることに気付くことができる。思いやりを受けたことさえ気付かせないような配慮は，思いやりを行った側がどのような心の在り方に価値を見いだし，どのような生き方を求めているのかという視点にまで掘り下げて考えることもできる。

3．展開過程

	学習活動	発問と予想される児童の反応	指導上の留意点
導入	・体育大会の取り組み過程を振り返る。	体育大会の準備は忙しかったね。みんなの感想文にもあったように，当日もよく頑張ったと思うよ。みんなの協力があってこそだね。	・行事や普段の生活など，思いやりの気持ちが行動として見えた場面を想起させる。
	・教材を黙読する。		・教材を範読する前に，感動する場面に線を引くよう指示する。
	・I先生の先生方への思いを理解する。	I先生はどんな思いでY先生に出発しなくてはならないことを話しただろう。 ・まだ，作業が終わっていないのに申し訳ない。 ・6年生の担任なのに，無責任に思われないだろうか。	・問い返しでは，「申し訳ないが」「出かけなければならない」「待っているから」に注目させる。

展開	・Y先生のI先生に対する思いやりの具体的な意味を考える。 ・先生方のY先生やI先生への思いを通して，真の思いやりについて考える。	・待ってくれている先生に迷惑をかけられない。 ・国体も文化祭も両方大切だから，迷う…… **Y先生はなぜ校内の電気を消したのだろう。** ・仕事を終わったように思わせるため。 ・準備途中で出発したと気にかけないように。 ・安心して国体で実力を発揮できるように。 ・I先生の仲間にも気兼ねさせないように。 **暗闇の中からオーという声が聞こえました。その声と拍手には先生方のどんな思いがこもっているのだろう。** ・Y先生のI先生に対する思いやりに感動した。 ・電気を消すというY先生のアイデアに賛成だ。 ・I先生を深く思いやる気持ちは自分たちも同じだ。 ・相手に気付かれないよう行動をするY先生の温かい人柄に賞賛の意味を込めて。 ・I先生が心置きなく行けるのは，嬉しい。 ・全員が互いに思い合う素敵な場面だな。	・I先生も他の先生方を思いやっていることを押さえておく。 ・負担を与えない配慮，見返りを求めない「思いやり」に気付かせ，考えを深めさせる。 ・Y先生個人の思いやりある性格として特化されないように留意する。 ・1人の善意が，集団や場の雰囲気をつくることにも気付かせたい。
終末	・感想を書く。		・「真の思いやりとは」などテーマを与えて，感想を書かせてもよい。

4．板書記録

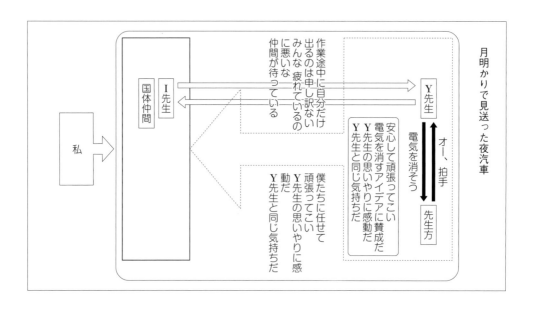

3 月明かりで見送った夜汽車

5．授業記録〈中心発問より〉

T：Y先生の放送で，オーという声と拍手が起こりました。オーの声と拍手には，先生方のどんな思いがこもっていますか。

S1：ちょうど疲れてきてもいたから，いい話を聞いてオーという声で「僕らも仕事を頑張ろう」という思い。そして，拍手でみんなで頑張ろうという思い。

S2：Y先生のすてきなはからいにオーという歓声と，拍手が出た。

S3：朝に校長先生が言っていたけど，作業しているうちに忘れていたから「オー，そうだった。I先生，頑張れ」という激励の拍手。

S4：Y先生とI先生のお互いの気遣いに対する拍手。

S5：気持ちよくI先生を応援している自分たちにもオーって言っているし，拍手もしている。

S6：そんな学校の中の一員としていられて良かった。

T：そんな学校の中って，どんな中？

S6：1人1人を大切にする職場，その瞬間にいること。

S7：こんな温かい場面，一瞬にいることが嬉しい。

T：そうですよね。そこにいられるってそうないことですね。

S8：Y先生のはからいにもオーという歓声や拍手もあると思うけど，それに加えて疲れている中でもこうして応援をするという心のゆとりをもちたいという思い。……もっていることに対しての拍手。

S3：オーの声と拍手は違うと思う。

T：おっ，どう違うの？

S3：Y先生のはからいにオーって言っていると思うけど，拍手はその場にいることに嬉しくて拍手していると思う。

S4：……。私は，オーっていうのが歓声もあるとは思うけど，歓声だけではないと思う。Y先生の電気を消すというアイデアに驚くというか，「そうか，そういうアイデアがあったか」という，オーという高い声ではない，オーという低い声。それに，賛成だけではなく，突然，電気が消えて「えっ」というような意味の「オー？」もあったかもしれない。周りからの拍手で，「そうか，自分たちも頑張るから，頑張れよ」という意味のY先生と最初のほうに拍手した人に賛成する拍手が広がったというイメージ。違うかも知れないけど……。

T：いやいや，そうだね。だって，「オーという声」ってあって「オーという歓声」とは確かに書いてないなー。すごいな。納得！

6. 生徒の感想

- I先生は，みんなが自分のために電気を消して終わったように思わせてくれてるとか全く思ってないと思う。だから，次，学校に来た時も「ありがとうございます。」とかも言わないと思う。でも，本当の思いやりや優しさは，「ありがとう」と言われるためにやるんじゃないんだなーと思いました。「ありがとう」とか言われなくても，本当の思いやりや優しさを持っている人には，いつか違う形で返ってくるだろうなと思いました。
- 普通ならきっと，ほとんどの先生がネコの手も借りたいぐらいだったはずだったと思うのに，そんな風に見送ってあげられるなんてすごいなと思いました。実際この話は，I先生に結局嘘をついていることになるんだろうけど，こういう思いやりのある嘘は聞いていても悪い気はしないし，逆にいい嘘をついたんだなあと尊敬も少ししてしまいます。みんなで協力するってことは，むりやりみんなに合わせてやるだけじゃなくて，いろんな協力の仕方があるんだなぁということが，この道徳の授業で学べました。
- Y先生の優しさが伝わってきた。他の先生も「オー」と歓声を上げたということは，電気を消すことに賛成しているんだと思いました。I先生もすごく安心できたと思います。でも，I先生は実は分かっていたんじゃないかなと思いました。国体に行く時，状況を見ればまだまだ終わらない事ぐらい分かるから，気づいてたと思います。でも，帰ってきても気づいてないふりをして，先生達も「もう終わってた。」というような顔を通すと思います。
- Y先生が，I先生になんであんなに優しく，親切にするのだろうと思っていましたが，先生達が毎日助け合って，団結してたからだと思いました。それにしても，Y先生の優しさには感動しました。

7. 同じ内容項目の他の教材

「バスと赤ちゃん」（『中学生の道徳1　自分を見つめる』廣済堂あかつき）

「夜のくだもの屋」（『中学生の道徳1　自分を見つめる』廣済堂あかつき）

「おばあちゃんの指定席」（『中学生の道徳1　自分を見つめる』廣済堂あかつき）

「地下鉄で」（『中学生の道徳2　自分を考える』廣済堂あかつき）

「軽いやさしさ」（『中学生の道徳2　自分を考える』廣済堂あかつき）

月明かりで見送った夜汽車

　昭和四十二年，私が学校事務職員として初めて勤めた小学校の三年目の秋のことです。
　あすから二日間開かれる文化祭の準備のため，その日も多くの先生方は遅くまで，最後の飾りつけに一生懸命でした。児童数が千人を超える大規模校でしたし，作品の種類もたくさんあって，子ども達の手を借りられる仕事は限られてもいましたので，飾りつけは大変な仕事でした。子ども達が心をこめて作ったものばかりですから，数が多いからといって手を抜くなどということはできるはずもなく，一つ一つ丁寧に飾りつけられていました。
　そんな先生方に交じって，若さにまかせてはしゃぎながら私も六年生の飾りつけの手伝いをしていました。
　午後八時を少し過ぎた頃だったと思います。私がお手伝いをしていた六年生のＩ先生が学年主任のＹ先生と何か話をしています。
　まだ六年生の飾りつけが途中で，とても申し訳ないが，これから夜行で，国体の県代表として出かけなければならない時間になったこと，駅で仲間が待っているから，そろそろ出かけたいという内容のようでした。
　そういえば，今朝の職員打ち合わせの時，校長先生がそうおっしゃっておられたっけ，そうかそのことなのかと私は思いました。
　するとＹ先生は，
「飾りつけも，もうここまでくればあと一息だ。一緒に国体へ行かれる仲間の方々に迷惑がかからないように，あとは僕達に任せて，頑張ってこいよ。あんたが汽車に乗る頃までには全部終わるだろうから安心して」
とＩ先生を送り出したのです。
　私の勤めていた学校は高田市の市街地のはずれの方にあり，高田駅から約二キロ離れた信越線の沿線近くにありました。当時，線路と三階建て鉄筋校舎の間には畑が広がっており，大きな建物もなかったので，日中であれば列車の窓からは，学校がよく見えます。私も上京の折り，あまりの近さに驚いたことがあります。高田駅を発車した列車は，三・四分もすれば学校の脇を通過するのです。
　Ｉ先生を送り出して，一時間ほど過ぎましたが，飾りつけは，まだまだ終わりそうにもありませんでした。作品の見方の説明は，これでどうだろうか，この作品は，こんな配列にした方がより効果的みたいだね，などと話をしている声が聞こえます。
　でも時間がたつにつれて，だんだん口数が少なくなり，黙りがちになって，どの先生もだいぶ疲れているのがわかります。

その時，突然，Y先生が，まわりにいた先生方に，
「もうすぐ，I先生の乗る列車が発車する。学校中の電気を消してもらうよう，放送しよう」
と言われました。
　ブレーカーが落とされ，あっというまに，あたりはまっ暗になり，一瞬，何のことかわからなくてポカンとしていた私の耳に，校内放送が聞こえました。
「お仕事の途中，たいへん申し訳ありませんが，I先生が国体に出かけるため，まもなく高田駅を出発します。飾りつけ途中に出かけることをとても気にしておられたので，全部終わったと安心して出かけてもらうために，少しの間，校内の電気を消させて頂きました。お願いします」
　暗闇の中から，オーという声と，拍手が聞こえました。
　私は急いで窓ぎわへ寄って，線路のあたりを，目を凝らして見つめました。三階の教室の窓からは，ゆるいカーブになった線路が，月明かりに，はっきり見えます。
　どの位たったでしょうか。
　夜汽車が通って行きます。胸がジーンとしてきました。ここから人の顔などわかるはずもないのに，私は，I先生の姿を見つけようとガラスに顔をくっつけ，列車の窓明かりを見つめていました。列車は，暗闇の中に吸い込まれるようにして，消えて行きました。
　I先生は，電気の消えたまっ暗な校舎を見て，きっと安心して出かけられたと思います。
　あたりが急に明るくなり，ハッと我に返りました。先生方は，また前のように，忙しそうに仕事を続け始めました。

（武藤治枝 作による）

4 吾一と京造

① 主題名　友情，信頼　B—(8)
② ねらい　姿勢を正しくきりっと立っている京造を見て，揺らぐ吾一の心情を通して，友情の尊さを理解し，心から信頼できる友達をもとうとする道徳的実践意欲を育む。
③ 出　典　『生きる力　1年』日本文教出版

1．教材解説

① あらすじ：朝いつもの場所に来ていない秋太郎を待つことで主人公の吾一が遅刻してしまいそうになる。吾一は秋太郎を待たずにひとりで学校へ駆け出すが，京造は回り道をして迎えに行く。結局京造は遅刻することになり，教室の前で立たされる。吾一は，言い訳をせず，立たされている京造を目の前にして，後ろめたさを感じ，心を揺らすのである。

② 教材の読み
　(1) 生き方についての考えを深めるのは……吾一。
　(2) 考えを深めるきっかけは……京造が吾一の目の前で，きりっと立っているところ。
　(3) 考えを深めるところは……心が草の葉のように揺れているところ。

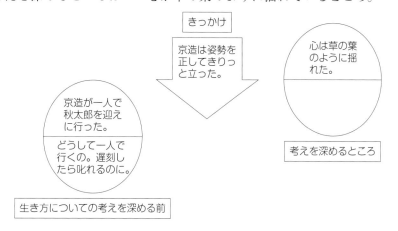

2．指導のポイント

① 真の友情は，「相互に変わらない信頼があって成り立つものであり，相手に対する敬愛の念がその根底にある。それは，相手の人間的な成長を願い，互いに励まし合い，高め合い，協力を惜しまないという平等で対等な関係」（『学習指導要領解説特別の教科　道徳編』）の中で育っていくことをポイントにして進める。
② 京造の姿勢を正した凛とした姿に対して，吾一の心は草の葉のように揺れている。その心情を比べることを通して，人として大切にしなければいけない思いをじっくり見つめ考えることが授業のポイントである。
③ 特に草の葉のように揺れる吾一の心をじっくり考える。京造の姿を見ることで，自らの行動の価値が崩れていく吾一の心の中をじっくり考えていく。

3．展開過程

	学習活動	発問と予想される児童の反応	指導上の留意点
導入			・黒板に「生きる」と書く。
展開	・範読を聞く。		・教材を範読する。 ・おさらいは簡単にする。
	・京造だけが行ったことを知った吾一の心を考える。	「うん，京ちゃんだけ行ったんだ」ということを作次から聞いて，吾一はどんなことを思いましたか？ ・なぜ京ちゃんは一人で行ったのかな。 ・京ちゃんは必ず遅刻するぞ。 ・京ちゃんも先生に叱られるだろうな。	・京造の行動を意外に思っている吾一の心情を押さえる。
	・京造の目を見ることができない吾一の心を考える。	「あわてて目をふせてしまった」吾一はどんなことを考えていましたか。 (1) 自分 ・自分は間違っていない。　・正しい。 　㊉それなら，なぜ京造の目から逃げるの。 (2) 京造 ・京造が間違っている。　・正しくない。 　㊉それなら，なぜ堂々とできないの。 ・かっこいい。　・言い訳をしない。 ・堂々としている。　・プライドがある。 　㊉それなら，吾一はなぜ京造のような行動はしないの。 (3) よりよく生きる ・自分は本当に正しいのか。 ・どこが間違っているのか。 ・なぜこんなに苦しまないといけないのか。	・京造の凛とした姿と心が草の葉のように揺れている吾一を比べ，その違いを深めたい。 ・吾一の心の揺れを問い返しによる対話を行いながら考えさせる。

	・京造の心を見つめる。	㉜なぜ正しくないの。なぜ苦しむの。 ・友情って？　・正しく生きるって何？ 圄どうして京造は「秋ちゃんちへ行くのはおれだけでいい」と言ったのですか。 ・このまま迎えに行くとみんなが遅刻すると思うから。 ・秋太郎のために遅刻したらみんなが困るから。 圄なぜ、京造は遅刻した理由を先生に言わなかったのですか。 ・言えば秋太郎だけが叱られるから。 ・遅刻することは初めからわかっていたので、その責任を取ろうと思うから。	・補助発問により、吾一と対照的な京造の思いを考えさせる。
終末	・吾一の揺れる心を見つめ、人としての生き方を考える。	自分は規則を守ったと思いながらも、なぜ心が「草の葉のように」揺れているのですか。 ・自分の方が正しいと思うが、京造がかっこよくみえるから。 ・友情って何だろう。 ・自分の行動は、人として本当に正しいのかな。 ・ルールは大切だが、それ以上に重要なことがある。	・じっくり考えさせることにより、生徒に生き方を見つめさせたい。 ・生徒の反応をまとめて道徳通信を発行する。 生きる 　⇒よりよく生きる

4．板書記録

吾一と京造

よりよく生きる

吾一
　どうして京ちゃんは一人で行ったのかな。
　京ちゃんは必ず遅刻する。かわいそうだな。
　京ちゃんはきっと怒られるだろうな。

京造は立っているのである
　自分は間違っていない。自分は正しい。
　京造は間違っている。京造は正しくない。
　京造はかっこいい。京造は堂々としている。
　自分は本当に正しいのか。楽しくない。こんなのはいや。

草の葉のように揺れていた
　京造の考え方はおかしい。でも堂々としている。
　自分の方が正しいが、京造はかっこよく見える。
　間違っているのは京造、なぜ正しい自分が目を伏せる。
　友情って何？友だち？それってどうなの？
　自分は間違っていないが、人としては正しかった？
　生きる上で重要なことがあるのかな。

京造
　この責任は自分にだけあると思うから遅刻したら先生にみんなが怒られる。
　友だちを売りたくない。
　遅刻は自分の責任だと覚悟している。

5．授業記録〈中心発問より〉

T ：「二人の目と目がかち合った。吾一は，相手の目を見ることができなかった。吾一は，あわてて目をふせてしまった。」このときの吾一が考えていたことを，これからじっくり考えます。吾一は何を考えていましたか？
S1：気まずいな。
S2：どうして本当のことを言わないのかな？
S3：自分も一緒に行けばよかったのかな。
T ：でも一緒に行ったら遅刻するよ。
S3：京造が一人で行ったから。そのことをちょっと思った。
S4：京造は男らしいな。
T ：なぜ男らしいの？
S4：遅刻して怒られるのは自分だけでいいという感じで一人で行った京造だから，男らしいなって思った。
S5：後悔してる。
T ：なぜ吾一は後悔してるの？
S5：京造だけが立たされているのを見ていると恥ずかしく思った。
T ：でも，吾一は怒られるのがいやだったのと違う，吾一は，それでも後悔するの？
S6：立っている京造に笑われているように感じているから。吾一は秋太郎を見捨ててしまったから。京造に笑われているように感じていると思う。
T ：なるほど，吾一は京造に笑われているように感じている。秋太郎を見捨ててしまったから。すごいな。
S7：かわいそう。京造は寝坊をしていないのに立たされているから。
S8：一緒に行った方がよかったな。この気まずさよりましだと思った。
S9：遅刻せずに学校に来たけれど，遅刻して立たされている京造を見てやっぱり一緒に行った方がよかったと思った。京造だけが立たされているのを見ていると恥ずかしく思った。遅れた秋太郎を自分だけ放って先に行ったから。
T ：今のみんなの話を聞いていて，少し私は疑問がわいてきました。どうして京造は一人で行ったのですか？
S10：他の子が遅刻して先生に怒られるようなことになってほしくなかったから。
S11：遅刻して怒られるのは自分だけでいいと思ったから。迎えに行ったら絶対遅刻するのはわかっていたから。他の子を巻き込みたくなかったから。
T ：あともう1つ疑問があるけれど，なぜ京造は本当のことを言わないのですか？

S12：本当のことを言ったら秋太郎が怒られるから。
S13：みんなを先に行かせたのだから，一人で行ったのはもうその時に先生に怒られるという覚悟が京造にあったから。だから，本当のことは言わなかったと思う。
 T ：京造は姿勢を伸ばしてきりっと立っている。吾一はその目と合わせることができず，目をふせてしまいます。その心が「草の葉のように揺れていた」のですね。どうして草の葉のように吾一の心は揺れているのですか？
S14：迷っている。
S15：本当は自分も立つべきと思うから。いつも一緒にいる友だちだから。
S16：吾一は京造たちを裏切ったから揺れている。遅刻しないというのは正しいけど，集合場所にあとから来た吾一が先に行って，自分だけよかったらいいという考えで，京造と全然違うから。
S17：遅刻しないのは正しいけど，自分だけよかったらという吾一の考えは人としてどうか？　それで迷っている。
 T ：そうですね。吾一は人としてどうなのか。それで迷っている。いいね。それでは最後に，自分は規則を守ったと思いながらも心が揺れている吾一。「なぜ，吾一の心は揺れているのですか？」をしっかり書いてください。

6．生徒の感想

・自分も待ち合わせの場所に遅れてきたのに，謝りもせずに，秋太郎や京造をほっていって自分さえ遅刻しなければいいとか，自分勝手であったことに気が付いた吾一。遅刻をしなかったことは正しい行動だが，人としてはどうだったのかと悩んでいるから，心が草の葉のように揺れていると思います。

・吾一が思っていたことは，自分が正しいと思うべきなのか，友達に対して申し訳ないと思うべきなのか。それを自分自身に問いかけている。自分がした行動は悪いことではないはずだが，どうしても心に何か刺さるものがある。人として，友として本当に自分の行動が正しいのか迷ってしまう。そんなことを思っているのではないでしょうか？

・社会や学校では遅刻はいちばんダメなことだから，吾一の行動は悪くない。また，ほかの友達を遅刻させなかった京造の行動は男らしいと思う。どちらも悪くないと思うけれども，それに対して秋太郎は寝坊して友達を待たせ，京造を遅刻の道に入れた。一番悪いのは秋太郎だと思う。こういうことは自分にも十分あり得ることなので，自分自身のこととしてしっかりこれからも考えたい。

・吾一は正しいことをしたのだが，自分だけが先に抜け出し，遅刻を免れたことがちょっとずるかったのではないかと反省している。これから後，秋太郎や京造と

どういう風に接していこうか悩んでいるのではないか。

7．同じ内容項目の他の教材

「違うんだよ，健司」（『中学校道徳　読み物資料集』文部科学省）
「嵐の後に」（『中学校道徳　読み物資料集』文部科学省）
「雨の日の届け物」（『中学生の道徳1　自分を見つめる』廣済堂あかつき）
「律子と敏子」（『中学生の道徳2　自分を考える』廣済堂あかつき）

吾一と京造

「お母さん、行ってまいります。」
　自分の息が、真っ白くかたまって流れた。吾一は思わず肩をすぼめた。
「まっすぐ行ってしまおうか。」
　かけながら、かれは考えた。
「京ちゃんのところに寄ると、おくれるかもしれない。」
　おくれてはたいへんである。それが気になってたまらなかったが、かれはいつものように、やっぱり京ちゃんのところに寄ることにした。この近所の子どもたちは、みんな京ちゃんのところに集まって、それからいっしょに学校へ行くことになっていた。いつ、だれが決めたというわけでもないのだが、いつの間にかそういうことになってしまっていた。
　京造のうちは、材木の中にうずまっていた。往来に面して、長い材木が、けわしく切り立ったがけのようにそびえ立っている。仕事場の前の空き地には、もう、六人集まっていた。
「おい、行こう。今日はおそいんだぜ。」
　自分がおくれたことは何も言わないで、吾一は、せきたてるように大声で呼びかけた。
「うん、行こう。」
　京造は、すぐ腰を上げて、ぐるっとあたりを見回した。
「なんだ、秋ちゃんがいないじゃないか。」
　京造は、一度もち上げた腰を、また下ろしてしまった。
「どうしたんだろう、秋ちゃん。」
「あいつ、いつもおそいねえ。」
　そんなささやきが、あちこちからもれた。
「おい、ぐずぐずしていると、おくれちゃうぜ。」
　吾一は、みんなの注意をうながすように、いらいらした口調で言った。
「そんなこと言ったって、秋ちゃんが来なくちゃあ、だめじゃないか。」
　時間のことなんか、京造は何とも思っていないらしい。てんから平気な顔をしていた。
「ぼくは、おくれるのいやだなあ。」
　一人来ないからといって、自分まで遅刻するのはたまらないと吾一は思った。
「じゃ、置いていってしまうのか。」
　京造はほおをふくらませた。

「秋ちゃんがあとから来たら、かわいそうじゃないか。」
　そう言われてしまうと、自分のほうがまちがっているような気がして、吾一はあとの言葉が出なかった。
「もう少し待とうよ。秋ちゃん、もうじき来るよ。」
　京造は、おっかぶせるように言った。だれも、この言葉に反抗する者はいなかった。
「京ちゃん、もう学校じゃないの、八時ですよ。」
　うちの中から、お母さんの声がした。
「いいんだよ、まあだっ。」
　京造は、はねかえすように答えた。
　店の正面の大黒柱にかかっている大きな柱時計が八つ鳴った。
「ああ、寒い。」
　と、吾一は言いながら、足ぶみするように両方の足を二、三べんばたばたと動かした。じっとしていることが、かれにはどうにもたまらなかった。もう用務員さんが第一がねを鳴らしている時分だと思うと気が気ではなかった。
「だけど秋ちゃん、おそいな。」
　吾一と同じ組の作次(さくじ)が、大きくあくびをした。
「むかえに行ってみようか。」
　それを受けて、ほかの者がおそるおそる言葉をはさんだ。
「そうだなあ。」
　京造も、さすがに腰を上げた。
「じゃ、みんなで、秋ちゃんちへ回っていこう。」
　かれらは、どやどや往来に出た。
　けれども、秋太郎(あきたろう)のうちは、学校へ行く道筋から少し横にそれていた。これからすぐかけていったって、間に合うかどうかわからないくらいなのに、そんな方向に回っては、当然、遅刻するに決まっている。
　吾一は、みんなが動きだしたのをしおに、
「おれ、まっすぐ行くよ。」
と言い張って、急にかれらの間からぬけてしまった。そして、一人っきりで、いちもくさんに学校の方へ走っていった。背中で声がした。
「組の者を置いていってしまうのか。」
「点取り虫。」
「おべっかつかい。」
　しかし、吾一は、そんな言葉なんかどんどんあと足でけとばしてしまった。何と言われたって、学校におくれないほうがいいんだ。先生が来る前に運動場にちゃんと並んでいるほうがいいんだ。

しばらくすると、「わあっ！」という声が、後ろの方でした。
　かれらが追いかけてきたのかもしれない。吾一は、追いつかれないように、前よりも足を早めた。
「おうい。」
　おおぜいの声がだんだんせまってきた。
「待っててえ。」
「おうい。」
「吾一ちゃあん！」
「いっしょに行こう。」
　校門の所へ来たとき、授業の始まるかねが鳴りだした。吾一は、いくらかほっとした気持ちで、後ろをふり返った。
　そこへ、みんなもどやどやかけこんできた。吾一はてれかくしに、笑顔(えがお)を作ってかれらをむえた。
　校庭にはもう、どの組の生徒も、それぞれの位置に列を作っていた。吾一はおくれてきた連中といっしょに、すばやく自分たちの組にもぐりこんだ。
「でも、早かったね。」
　吾一は、いっしょにもぐりこんだ作次に小声で言った。
「うん。」
　作次はかけどおしだったので、言葉が続かなかった。一度息をついてから言った。
「おれたちも、あれからすぐ、かけてきたんだよ。」
「じゃ、寄らなかったの、秋ちゃんのうち？」
「うん、京ちゃんだけが行ったんだ。」
「みんなも京ちゃんのこと、置いてきちゃったの。」
「ううん、そうじゃない。京ちゃんがね、秋ちゃんのうちへ行くのはおれだけでいい、みんな先へ行けって言ったんだよ。」
　それを聞くと、吾一は、何だかげんこつで胸もとをどかんとやられたような気がした。
　運動場に並んでいた生徒は、朝礼がすむと先生に導かれてそれぞれ教室に入った。
　京造と秋太郎がやってきたのは、それから七、八分もたったあとのことだった。
　次野(つぎの)先生は、教壇(きょうだん)の上から二人をにらみつけた。
「福野(ふくの)、おまえは、何でおくれてきたんだ。」
「……。」
「ねぼうしたんだな。」
　秋太郎は、返事をする代わりに、頭のてっぺんに手をやってつるっとなでまわした。
「小村(こむら)、おまえはどうしたんだ。」

京造は，何も言わないで，だまって立っていた。
「おまえも朝ねぼうをしたのか。」
　京造は答えなかった。結んだ口を心もちゆがめただけだった。
「しょうがないやつらだ。二人とも，そこに立っていなさい。」
　秋太郎はまた，頭をなで上げた。
　京造はじろっと教壇の方をにらんだが，すぐ姿勢を正しくしてきりっと立った。
　吾一は，京造が気の毒でならなかった。なぜ京造は，ほんとうのことを言わないのだろうと思った。自分は朝ねぼうしたのではありません。これこれでおくれたんですと，はっきり言えばいいじゃないか。自分のことは，自分じゃ言いにくいのだろうか。それなら作次が，何かひと言いってやればいいのに，と思った。が，吾一にも，「先生」と手をあげる勇気はなかった。
　先生は話を続けられた。しかし，吾一には，その話はあまり頭に入らなかった。先生の話よりも，目の前にいる京造の姿のほうが，もっと大きくかれの上にのしかかってきた。因果なことに，吾一は背が低いものだから，いちばん前の机にいた。そのすぐ前に京造は立っているのである。いやでも二人は，顔を合わさないわけにはいかなかった。
　二人の目と目がかち合った。吾一は，相手の目を見ることができなかった。吾一は，あわてて目をふせてしまった。
　向こうは学校におくれてきたのだ。そして立たされているのだ。こっちは，きちんと学校に来たのだ。どっちが正しいか，そんなことはわかりきったことだ。それでいながら，吾一の心は，草の葉のようにゆれていた。

（山本有三 作による）

5 バスと赤ちゃん

① 主題名　社会参画，公共の精神　C—(12)
② ねらい　バスの中で泣く赤ちゃんと母親に温かく接する運転手や乗客の心情を通して，社会参画の意識と社会連帯の自覚を高め，公共の精神をもってよりよい社会の実現に努めようとする道徳的実践意欲を育む。
③ 出　典　『中学生の道徳1　自分を見つめる』廣済堂あかつき

1．教材解説

① あらすじ：病院からの帰り，筆者を乗せた満員のバスの中で赤ちゃんの火のついたような泣き声がしだした。次の停留所で降りようとしている赤ちゃんと母親の様子に気づいた運転手は，マイクで「赤ちゃんは泣くのが仕事です。少しの時間，赤ちゃんとお母さんを一緒に乗せていってください。」と乗客に訴えかける。すると，一人の拍手につられて，バスの乗客全員の拍手が返事となった。筆者は，今でもこの光景を思い出すと目頭が熱くなり，ジーンと来る。
② 教材の読み
　(1) 生き方についての考えを深めるのは……筆者。
　(2) 考えを深めるきっかけは……運転手のアナウンス。
　(3) 考えを深めるところは……乗客全員の拍手と筆者をジーンとさせるもの。

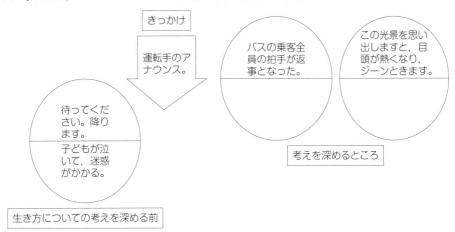

2．指導のポイント

① この教材は，主人公が道徳的に変化するのではなく，きっかけとなる出来事により「場」の雰囲気が変化する教材である。授業では，主人公のみに焦点を当てて構成するのではなく，「場」を構成するお母さん，運転手，乗客それぞれの思いを考えながら進める。
② 中心発問では，乗客全員の拍手の意味を多面的・多角的に考えていく。
③ 中心発問のあと，16年たった今でも筆者の目頭を熱くするものを考えることにより，主題とする社会参画，公共の精神に迫っていく。

3．展開過程

	学習活動	発問と予想される児童の反応	指導上の留意点
導入			・バスの中の話であることを説明する。
展開	・範読を聞く。 ・若い母親の判断について考える。	どうしてお母さんは「待ってください。降ります。」と言ったのでしょう。 ・赤ちゃんが泣くから。 ・他のお客様に迷惑がかかるから。 ・赤ちゃんが泣いて申し訳ないから。 ・赤ちゃんを不快から助けてやりたいと思ったから。	・教材を範読する。 ・周囲の人のことを考える母親の気持ちに気づかせる。「気の毒そうに小さな声で」答える母親の配慮を押さえる。
	・お母さんの思いに気づいた運転手の思いについて考える。	運転手さんはどんなことを考えながら「目的地はここですか。」と尋ねたのでしょう。 ・母親を気の毒に思った。 ・赤ちゃんが泣くことは仕方がない。周囲を気遣う母親を助けたい。 ・目的地まで乗っていってほしい。	・母親と赤ちゃんの事を考える運転手の思いやりを押さえる。
	・乗客全員の拍手の意味を考える。	乗客全員の拍手にはどんな思いがこもっていたのでしょう。 ・お母さんも赤ちゃんも一緒に乗っていきましょう。 ・お母さん，気を遣わなくてもいいんだよ。 ・お母さん，大丈夫だから安心して。 ・赤ちゃん，泣いていていいよ。 ・こんなときはお互い様だよ。 ・運転手に賛同するよ。 ・運転手さんの配慮ってすごい。 ・最初に拍手をした人って勇気があるなあ。 ・お母さんの配慮の気持ちがうれしい。	・拍手が母親をはじめ，運転手や乗客に伝わっていく連鎖に気づかせる。

	・筆者をジーンとさせるものを考える。	16年たっても筆者の目頭が熱くなり，ジーンとくるのはどうしてなのでしょう。 ・困っていた人が降りずにすんだから。 ・乗客の全員が拍手をしたから。 ・母親，運転手，乗客みんながお互いを思いやっていたから。 ・みんなの思いやりが一人一人の感動として大きくなったから。 ・バスの中の雰囲気がとても良くなったから。	・16年たっても，筆者が胸を熱くするこの光景にある「価値」を考えさせねらいに迫りたい。
終末	・感想を書く。		・感想をワークシートに記入させる。

4．板書記録

5．授業記録〈中心発問より〉

T：乗客全員の拍手には，どのような思いがこもっていたのでしょうか？

S1：「運転手さん，よく気がついたね。」という拍手です。

S2：「運転手さんの言葉に賛成。」という拍手です。

S3：「運転手さん，良いことを言ってくれてありがとう。」という意味の拍手です。

T：良いことってどんなことですか？

S3：赤ちゃんとお母さんをこのまま乗せていってあげてくださいって言ったことです。運転手さんの気持ちが，バスの中のみんなに伝わったからだと思います。

S4：「一緒に乗せて行ってあげてください。」って運転手さんの言葉とバスのお客さんと気持ちが一緒だったからだと思います。

T：なるほど，すてきな雰囲気だったのでしょうね。あなたは，拍手には，どの

ような思いがこもっていたと思いますか？
S5：私は，お母さんへの思いやりでその場が優しさに包み込まれたのだと思います。
T ：優しさに包み込まれたってどんなことですか？
S5：みんなが支えてくれる安心感があふれていたのだと思います。
T ：安心感ってどんなときに感じますか？
S5：私は，不安な時に，そばにいてもらうだけで，元気になれると思います。家族のような存在だったように感じました。
T ：なるほどね。あなたは，拍手にどんな思いがこもっていたのだと考えますか？
S6：私は，お母さんの乗客に対する配慮を感じたバスの人たちの何気ない優しさが拍手となったと思います。
T ：何気ない優しさって？
S6：バスの人に対し，子どもの泣き声がうるさいので迷惑と思い，降りようとしたお母さんの気持ちの優しさに対するバスのみんなの気持ちだと思います。

6．生徒の感想

・お母さんの配慮が，すごいと思った。でも，私がお母さんの立場だったら，やはり降りると思います。でも，よく運転手さんは声をかけてくれたと思います。運転手さんのアナウンスもすごいけど，バスの中の乗客は，優しい人ばかりですごく温かく感じました。

・運転手さん，よく言ってくれました。でも，それに応じてくれる，乗客の優しさは，もっとすばらしいと感じました。自分の事ばかり主張する人が多いこの世の中なのに，こんな雰囲気になれば，こんな優しさがあふれると，悲しい争いもなくなると思います。
　心温まる話をみんなで考えて，楽しかったです。

・バスの乗客は，赤ちゃんの泣き声を気にしていたと思います。当然，うるさく感じていた人もきっといたと思いますが，拍手で気持ちが変わったと思います。一人の拍手から，バスの車内全体に広がったのですから。私も，この場所に居合わせたらうれしくなると思います。みんなの気持ちが一つになった瞬間ですから。その瞬間に立ち会えたらどんなに気持ちいいでしょう。みんなの思いが一つになった瞬間ですから。

・お母さんは，本当にうれしかったと思います。また，感謝もしていたと思います。でも，乗客も，運転手さんもそれぞれが全員の事を考えた思いやりでいっぱいになった時が，バスの中の雰囲気を変えました。知らない人同士でも，心が通じ合

える瞬間が，すばらしいと感じました。

7．同じ内容項目の他の教材

「地下鉄で」（『中学生の道徳2　自分を考える』廣済堂あかつき）
「原稿用紙」（『中学生の道徳3　自分をのばす』廣済堂あかつき）

バスと赤ちゃん

　東京にいた，今から十六年ほど前の十二月も半ば過ぎたころのことです。
　私は体調を壊し，週二回，中野坂上の病院に通院していました。
　その日は今にも雪が降り出しそうな空で，とても寒い日でした。
　昼近くなって，病院の診察を終え，バス停からいつものバスに乗りました。
　バスは座る席はなく，私は前方の乗降口の反対側に立っていました。車内は暖房がきいて，外の寒さを忘れるほどでした。
　間もなくバスは東京医科大学前に着き，そこでは多分，病院からの帰りでしょう，どっと多くの人が乗り，あっという間に満員になってしまいました。
　立ち並ぶ人の熱気と暖房とで，先程の心地よさは一度になくなってしまいました。
　バスが静かに走り出した時，後方から赤ちゃんの，火のついたような泣き声が聞こえました。
　私には，人で見えませんでしたが，ギュウギュウ詰めのバスと，人の熱気と暖房とで，小さな赤ちゃんにとっては苦しく，泣く以外に方法がなかったのだ，と思えました。
　泣き叫ぶ赤ちゃんを乗せて，バスは新宿に向かい走っていました。
　バスが次の停留所に着いた時，何人かが降り始めました。最後の人が降りる時，後方から，「待って下さい。降ります」と若い女の人の声が聞こえました。その人は立っている人の間を，かきわけるように前の方へ進んで来ます。
　その時，私は，子供の泣き声がだんだん近付いて来ることで，泣いた赤ちゃんを抱いているお母さんだな，と分かりました。
　そのお母さんが，運転手さんの横まで行き，お金を払おうとしますと，運転手さんは，「目的地はここですか？」と聞いています。その女性は，気の毒そうに小さな声で，「新宿までなのですが，子供が泣くので，ここで降ります」と答えました。
　すると運転手さんは，「ここから新宿駅まで歩いて行くのは，大変です。目的地まで乗って行って下さい」と，その女性に話しました。
　そして急にマイクのスイッチを入れたかと思うと，「皆さん！　この若いお母さんは新宿まで行くのですが，赤ちゃんが泣いて，皆さんにご迷惑がかかるので，ここで降りると言っています。子供は小さい時は，泣きます。赤ちゃんは泣くのが仕事です。どうぞ皆さん，少しの時間，赤ちゃんとお母さんを一緒に乗せて行って下さい」と，言いました。私はどうしていいか分からず，多分みんなもそうだったと思います。ほんの何秒かが過ぎた時，一人の拍手につられて，バスの乗客全員の拍手が返事となったのです。若いお母さんは，何度も何度も頭を下げていました。
　今でもこの光景を思い出しますと，目頭が熱くなり，ジーンときます。私のとても大切な，心にしみる思い出です。

（中野茂子　作による）

6 語りかける目

① 主題名　家族愛，家庭生活の充実　C—⑭
② ねらい　母を助けようとする娘と娘に逃げるように言う母の姿を通して，父母，祖父母を敬愛し，家族の一員としての自覚をもって充実した家庭生活を築こうとする道徳的心情を養う。
③ 出　典　『中学生の道徳1　自分を見つめる』廣済堂あかつき

1．教材解説

① あらすじ：1月17日，神戸を阪神淡路大地震が襲った。数日後，遺体安置所となった体育館に，母の遺骨が入ったナベを持った少女がたたずんでいた。声をかけた私に，少女は話した。地震により少女は気がつくと瓦礫の下敷きになっていた。ようやく脱出したのも束の間，母親が取り残されていることに気づく。必死に助けようと母の手をとるが，火の手が迫り，母の「ありがとう，もう逃げなさい。」という声で夢中で逃げたと言う。語り終え，じっと私を見つめる少女の目は，何を語りかけるのか……。

② 教材の読み
　⑴ 生き方についての考えを深めるのは……私（警察官）。
　⑵ 考えを深めるきっかけは……母を失った少女の話を聞いたこと。
　⑶ 考えを深めるところは……私を見つめる少女の目が語るものについて考える場面。

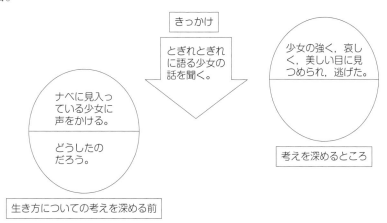

2．指導のポイント

① 1995年1月17日の阪神淡路大震災での実話である。現在の中学生は生まれておらず，当時の出来事を知らない生徒が多くなっている。東日本大震災とならび，風化させてはならない出来事である。また，今後，南海トラフ地震が来ると予測されている中で他人事ととらえてはならない内容である。授業の設定時期を工夫し，実際の動画や写真を併用するなど，現実の問題として感じたり，考えさせることが望まれる。

② 警察官が，声も出ず涙だけを流しながら立ち尽くす様子とその心情に共感させたい。なぐさめの言葉も，励ましのことばも出せなかったのは，どんな言葉も少女には軽い響きにしか聞こえず，心に届くものではないことを警察官本人が強く自覚しているからこそである。何度もうなずくだけで，「少女の前を逃げた」警察官の心情を理解させることで，単なる逃げたことへの批判やその是非論に終始しないように留意する必要がある。

③ 本教材は，実話に基づくだけに強く心情に訴えてくるものがある。母の「ありがとう，もう逃げなさい。」という場面に，どの生徒も自分の親を重ね合わせ，少女の気持ちに寄り添って考えることができる。授業の雰囲気を見極め，生徒が深く少女の気持ちに共感している時は，中心発問が客観的，分析的になりすぎることのないように配慮する必要がある。特に，「哀しい」「美しい」「強い」に関わる追発問については，状況に応じて臨機応変に対応する必要がある。

3．展開過程

	学習活動	発問と予想される生徒の反応	指導上の留意点
導入	・日付や阪神淡路大震災の写真や動画を見て，事実を知る。	1995年1月17日は，どんな日か知っていますか。 ・阪神淡路大震災。　・知らない。 阪神淡路大震災があった日です。このような状況でした。 ・怖い。　・知らなかった。 ・まるで戦場みたい。	・誰も推測できない時は，授業者から提示する。 ・教師の当時の経験を付け加えて，話しても良い。
	・教材を黙読する。 ・母の少女に対する願いや思いを考え，親の愛の深さに気づく。	母は，どのように考えて「ありがとう。もう逃げなさい。」と言ったのだろう。 ・あなたまで死んではだめ！ ・もう十分よ。	・教材を範読する。 ・母の自分の命をも顧みない無償の愛に気付かせる。

展開	・身を挺して守ってくれた母の遺骨を守る少女の思いに共感する。	・私の分も，あなただけは生きて！ ・助けに来てくれて嬉しかったよ。 ・私の犠牲にならないで。 ・死を見せたくない。 　少女は，自分1人で見つけ出した母の骨を「ナベ」に入れて，何を守り続けていたのだろう。 ・これからもお母さんと共に生きていくという思い。 ・母と暮らした日々の思い出。 ・守ってくれたお母さんの強い愛。 ・母の死を信じられないという思い。	・生徒の発言をそのまま受け入れ，授業者は共感する姿勢を大切にする。
	・母の死に対する悲しみや母の自分への愛を，どのように少女はとらえているかを考え，少女の今後の生き方について考える。	少女の目は何を語りかけていたのだろう。 ・これからどうしたらいいの？ ・なぜ母を助けてくれなかったの。 ・お母さんを亡くして哀しい。 ・母を助けられなかった無念さ。 ・目の前の母を残して逃げた辛さ。 ・お母さんが本当に大好きだったのに……。 ・お母さんの死を無駄にしたくない。 ・これからは母の分も1人で生きていく。（決意） ・こんな悲劇を2度と繰り返さないで。 ・お母さんの思いを忘れない！ ・苦しくても，乗り越えて生きる。	・目が語るものを自由に考えさせた後，「哀しさ」「美しさ」「強さ」について追発問する。
	・現在の復興とまだ残る課題を理解する。	震災から長い年月が経ちましたが，今までの軌跡を見てみましょう。	・現在の写真や動画を見せて，その後の神戸の人々の思いを理解させる。残る課題も提示する。
終末	・感想を書く。	東日本大震災の復興もまだ不十分です。また，南海トラフ地震も予測されています。今日の授業で感じたことや学んだこと，今後何ができるかなどを書いて下さい。	・教材内にとどまらず，自分の感想や意見を自由に書かせる。他の災害についても，自分の事として考えられるよう工夫する。

4．板書記録

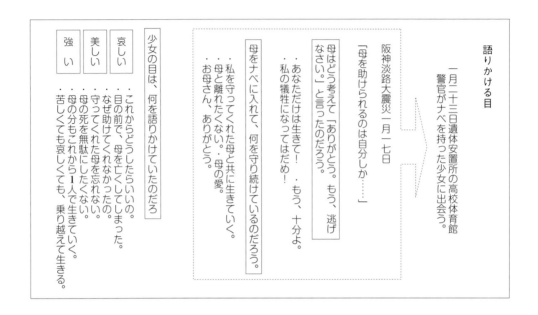

5．授業記録〈中心発問より〉

T：少女の話を聞いて，みんなが考えたような複雑な母と少女の思いを警官も感じただろうね。きっと，警官は何を言っていいのかわからなかっただろうね。何を言っても，少女には薄っぺらななぐさめにしか聞こえないかもしれない……。だから，少女の前を何も言えずに去ったんだろうな。つらいなあ……。
（警官への批判に流れないよう留意するために，こうした内容を話した。）
この時，少女の目は多くのことを語りかけてきたんだね。どんなことを語りかけてきたんだろう。

S7：大好きなお母さんがいなくなって，これからどうしていったらいいのか。

S8：なんで助けられなかったのか。助けたかったのに……。相手，警官だから。

T：うわー‼ それ，警官もつらいな。
警官が，「少女の目は生きていた。」「哀しいと思った。」「美しいと思った。」「強いと思った。」ってあるね。目が語る哀しさって，どんな哀しさかなあ。

S9：母を助けられなかった哀しみ。

S10：母がいなくなってしまったこと。

S11：自分のこの先の絶望。

T：そっかー。絶望かぁ。一瞬にしてお母さんも家もすべてなくなったものなあ……。

S12：この先，1人でどうしたらいいか……。
S13：言葉にできない訴え。
　T：えっ。訴え？　どんな？
S13：周りの助けがなかった……。助けてって言ったのに，誰も助けてくれなかった。
　T：うーっ，そうだね。胸にこたえるよ，その発言。もし，先生がそこにいても，何もできなかったかもしれない……。
S14：ひとりぼっちになった寂しさ。
　T：本当だね。「悲しい」じゃなく，「哀しい」って書いているのはそういうことかもね。わかる気がするね。でも，先生は「美しい」っていうのがよくわからない。こんな状況で，少女の目が美しいってどういうこと？
S9：ひとりで生きていこうっていうのが，たくましい。だから美しいと思ったと思う。
S13：心の中。純粋。
　T：何が純粋？
S13：誰も助けてくれなかったけど，自分だけでもお母さんを助けようとしたから。
　T：なるほどな……。けなげだなあ。ぐっとくる……。
S14：これからの希望。
　T：えっ。希望？　絶望ではなく？　どういうこと？
S15：お母さんが「生きろ」って言ったから，お母さんの分もちゃんと生きないとって思ったと思う。
S16：輝き。
　T：ちょっと待って。難しすぎる。私がついて行けてない。どういうこと？
S16：お母さんが，女の子の中にいるから。
　T：うーむ。そうかぁ。心の中にお母さんがいつづけてるってことか……。それが，希望であり，輝きってこと？　みんな，すごい感性しているなあ。じゃ，最後の「強い」は？　何が強いと思ったのかな？　一番難しいかもしれないね。
S17：ひとりでもお母さんを救おうと思ったから。強い。
S18：生きていること。
　T：生きていることが強い？
S18：うん。こんなことがあったら，生きる気力がなくなる……。
　T：なるほどな。たしかに，みんな言ってくれたみたいに，この少女は母の分も生きようとしているもんね。

（この後，約2分の神戸の復興の動画を流した。動画が手に入らなければ，写真でもよい。）

6. 生徒の感想

- 今日の内容は，読んでるだけで泣きそうになった。「ありがとう。もう，逃げなさい。」と言う母のこの言葉に込められていたのは，もう死んでしまうとわかっていた母の子どもに対する最後の愛情だったんじゃないかと思う。これから先，1人で生きていくこの少女に「母は，いつでも見守っているよ」と安心させたくて，「生まれてきてくれて，こんなに危ない所まで助けに来てくれて，ありがとう」と精一杯の愛を伝えたくて，でも話せなくて……。辛く，儚い母の思いは，少女に届いただろうと思う。この少女の話を聞いて，何も言えず逃げてしまった警察官は，本当の強さ，儚さ，美しさ，哀しさ，いろいろなことを感じてしまったからだろう。無理に言葉をかけるより，「ありがとう，もう逃げなさい。」という母の言葉にひたっている少女をおいていったのは，良かったんじゃないかと思った。
- 今日の話は，重かった。阪神淡路大震災って知っているようで，やっぱり全然わかってなかったんだなと思った。少女は，きっと辛かったと思う。お母さんの骨なんて持っていたらもっと辛いはずなのに，大切な人だからこそ忘れたくないし，ずっとそばにいて欲しいから持っているのかなと思った。
- 何の前ぶれもなく地震はやってくる。それによって失ったものはとても多い。「今」，あって当たり前のものが，一瞬にしてなくなってしまう事は想像もつかない。
- 何を語りかけているかっていう質問に，俺は人の「弱さ」を語っていると思った。その状況で何もできなかったから。けど，強いと思ったってあるのは，そういうことを言えることが強いと思った。

7. 同じ内容項目の他の教材

「ふたりの子供たちへ」（『中学生の道徳1　自分を見つめる』廣済堂あかつき）
「美しい母の顔」（『中学生の道徳2　自分を考える』廣済堂あかつき）
「一冊のノート」（『中学生の道徳2　自分を考える』廣済堂あかつき）
「天使の舞い降りた朝」（『中学生の道徳3　自分をのばす』廣済堂あかつき）
「えみるの赤いランドセル」（『えみるの赤いランドセル』青志社出版より自作教材）

語りかける目

　一月二十三日，私は二回目の出動をした。
　任務は長田署管内の救助活動・遺体捜索。そして，村野工業高校体育館における遺体管理と検視業務の補助であった。仮の遺体安置所になった体育館は，たくさんの遺体と，それに付きそう遺族であふれていた。
　そんな中で，一人の少女に，私の目はくぎづけになった。その少女は，ひざの前に置いた，焼け焦げた「ナベ」にじっと見入っていた。泣くでもなく，哀しむでもなく，身動きもせず，ただじっと見入っていた。
　私は，その少女に引かれるように近寄っていった。「ナベ」の中は，小さな遺骨が置かれていた。
「どうしたの。」
　思わず問いかけた私の一言が，その少女を泣かせてしまった。どっとあふれだした涙をぬぐおうともせず，懸命に私の目を見つめ，とぎれとぎれに語り続けた。「ナベ」の中は，少女が拾い集めた母の遺骨であるという。

　その夜（一月十六日）も少女は母に抱かれるように，一階の居間で眠っていた。何が起こったかも分からないまま，気がついたときには母とともに壊れた家の下敷きになって，身動きもできない状態になっていた。それでも，少女は少しずつ体をずらし，何時間もかけて脱出できた。家の前に立って，何が何だかわからないまま，どの家も倒れているのを見た。多くの人が，何かを叫びながら走り回っているのを見た。
　しばらくして，母が家の中に取り残されていることに気がついた。
「おかあさんを助けて。」
「助けてお願い。」
と，走り回っている大人たちに片っ端からしがみつき，声を限りに叫び続けた。だれにもその叫びは聞こえなかった。声は届かなかった。迫ってくる火事に，母を助けられるのは自分しかいないと，哀しい決断を強いられた。
　母を呼び続け，懸命に家具を押しのけ，がれきを放り投げ，一歩一歩母に近づいていった。やっとの思いで，母の手を捜し当てた。姿は見えなかった。母の手を見つけたとたん，その手を握り締めた。その時，少女の手は血まみれになっていることに気がついた。
「おかあさん，おかあさん。」
「おかあさん。」

手を握り締め，泣きながら叫び続けるだけであった。
　火事は間近に迫っていた。火事の音が聞こえ，熱くなってきた。母は懸命に語りかけたが，かぼそい声で少女には聞こえなかった。
「おかあさん，おかあさん。」
と，叫び続ける少女に，名前を呼ぶ母の声がようやく聞こえた。
「ありがとう。もう逃げなさい。」
と，母は握っていた手を放した。
　熱かった。怖かった。夢中で逃げた。すぐに，母を抱え込んだまま，わが家が燃えだした。立ち尽くし，燃え盛るわが家をいつまでも見続けた。声も出なかった。涙も出なかった。
　翌日，何をしたか，どこにいたか，覚えていない。
　翌々日，少女は一人で母を探し求めた。そして見つけだした。
　少女は，いま一人で，見つけだした母を「ナベ」に入れ，守り続けている。

　語り続ける少女の目から，いつのまにか涙が消えていた。ただ聞くだけの私は，声も出ず涙だけがあふれ続けた。母と二人，この少女がどんな生活をしていたのか，私は知らない。一人になったこの少女に，どんな生活が待っているのか，私にはわからない。
「この少女に神の加護がありますように。」生まれて初めて「神」に祈った。この少女に，なぐさめの言葉も，激励の言葉も何も言えなかった。何度も何度もうなずくだけで，少女の前を逃げた。
　少女は，最後まで私の目を見続け，語り，そして語り終えた。その目は，もっと多くのことを私に語りかけ，今も語り続けている。
　目は生きていた。
　哀しいと思った。
　美しいと思った。
　強いと思った。
　少女の名前を聞くのさえ忘れていた。

7 二枚の写真

① 主題名　よりよい学校生活，集団生活の充実　C─(15)
② ねらい　卒業式での同級生や周りの人たちの温かい人間愛に触れて，激しく顔を紅潮させ，震える声で「写真を撮って下さい」と頼む主人公の浩や，二枚の写真を見て，学校の意義に気づいた宮下の姿を通して，教師や学校の人々を敬愛し，学級や学校の一員としての自覚をもち，協力し合ってよりよい校風をつくろうとする道徳的心情を育む。
③ 出　典　『中学生の道徳１　自分を見つめる』廣済堂あかつき

1．教材解説

① あらすじ：筋ジストロフィーを患っていた浩は，１年生時には仲間の支えにより遠足に参加していたが，やがて学校からほど近い病院での入院生活を送るようになった。車いすでの生活を余儀なくされていった浩は，卒業の時期が近づくと口数は少なくなっていった。卒業式当日，病室を訪れた校長から卒業証書を受け取ろうとした浩は，窓の向こうの様子に気づいた。病院が見える校舎の屋上で手を振る102人の同級生の姿があったのだ。浩は，激しく顔を紅潮させ，震える声で「写真を撮って下さい」と頼むのであった。
② 教材の読み
　(1) 生き方についての考えを深めるのは……浩。
　(2) 考えを深めるきっかけは……屋上で手を振る同級生の姿。
　(3) 考えを深めるところは……「写真を撮ってください」と言うところ。

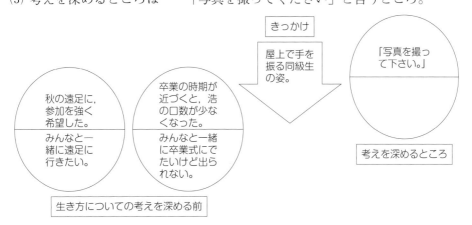

2. 指導のポイント

① 筋ジストロフィーという病名が入っているので，病気についての誤解や偏見を助長したりすることのないように配慮する必要がある。
② 物理的に一緒に同じことをするつながりと，内面的なつながりとの両面がうまく浮き彫りにされるように問いを進めていきたい。
③ 友情や人間愛が描かれているが，学校というつながりの場での出来事として，倉本の「いい卒業式でしたよ」という言葉に驚きながら，話を聞いて，「――ああ，これが学校だ」とあらためて気づく宮下の自覚は大切にしたい。

3. 展開過程

	学習活動	発問と予想される生徒の反応	指導上の留意点
導入	・秋の遠足の挿絵を見る。		・主人公と班員がクラスメイトから遅れていることを確認する。 ・主人公の病状について少し説明する。
展開	・教材を読む。 ・みんなと一緒に同じことをしたいという浩の気持ちに共感する。 ・口数が少なくなっていく浩の心情を考える。 ・屋上の102人の同級生の思いを考える。 ・顔を紅潮させて震える声で頼む浩の内面の変化を共感的に考える。	秋の遠足に，浩が参加を強く希望したのはなぜでしょう。 ・みんなと一緒に，行事に参加したい。 ・自分もクラスの一員だ。 卒業式が近づくと，浩の口数が少なくなったのはなぜでしょう。 ・卒業して別れるのがつらい。 ・式に出られないかもしれない。 ・悔しい。　・取り残された。 ・どうして自分だけ。 102人の同級生は，手を振りながら，どんなことをさけんでいるでしょう。 ・おめでとう。　・元気か。　・がんばれ。 ・一緒に卒業だよ。　・また遊びに行くよ。 浩は，何を写真に残したかったのでしょう。 ・自分が見ているこの風景。 ・仲間と共に生きてきた証。 ・つながり。　・この中に入れたということ。 ・笑顔。　・友達の優しさ。 ・病気に対する支えと自信の証。	・教材を丁寧にわかりやすく範読する。 ・欠席させたいという母の気持ちにも共感する。 ・一緒に同じことが出来ないことへの浩の思いをわがこととして考える。 ・浩だけでなく，周りの人たちとの関係性に視点が広がるようにストーリーを読んでみる。 ・浩が気づいた様々なことを浩の大きな変化と共に考える。

		・思い出。　・一瞬の思い出。　・この今。 ・すべて。　・みんなでの卒業。 囲 倉本はなぜ，写真を二枚撮ったのでしょう。	
終末	・宮下の自覚を共感する。 ・感想を書く。	「──ああ，これが学校だ」とは，どういうことでしょう。	・人間的なつながりの広がりが実感できるようにする。 ・感想を書かせる。

4．板書記録

5．授業記録〈中心発問より〉

T：浩は，何を写真に残したかったのでしょう。
S1：自分が見ているこの風景。
T：どの風景？
S1：窓から見えてる学校の屋上の風景。
S2：仲間と共に生きてきた証。
S3：笑顔。
S4：つながり。
T：屋上と病室もつながってるの。
S5：この中に入れたということ。
S6：友達の優しさ。

S7：病気に対する支えと自信。
T：支えと自信は，同時に出てくるんですね。なぜ？
S7：不安だけど支えられてると思ったら自信がわいてくるし，これからの自分の支えとか自信になる。
T：これからもなんですね。
S8：思い出。
T：たとえばどんな？
S8：秋の遠足……班行動とか……弁当を待っててくれたりとか……拍手とか。
S9：一瞬の思い出。
T：この今って，なにが写っているの？
S9：屋上で手を振っている102人の同級生とか，浩自身とか，校長先生・倉本先生とか，中座を許してくれた人とか……
T：それだけ？　もっとあるの？
S9：……この一瞬をつくったすべての思い出。
T：すべてか……すごいね。
S10：みんなでの卒業。
T：みんななんですねえ。
T：素晴らしい意見を出してくれてありがとう。

6．生徒の感想

・浩は，仲間がいて，楽しかったり，自信がもてたりしていて，やっぱり仲間っていいなと思えた。
・宮下は，学校とは何だろうと思っていたけれど，この話を聞いて，学校は，生徒が助け合い，励まし合いながらくらすところだと知ったと思う。
・ぼくは，やっぱり仲間は自分が悲しいときや，困っている時に，助けてくれる大切な存在だと思う。
・最近は「差別」とか「いじめ」が多くなってきているけれど，この話は，そんなもののかけらもない話だと思った。
・浩は，いい友達を持っているなと思った。私も，そんな友達を今よりたくさんつくっていきたい。

7．同じ内容項目の他の教材

「校門を掘る子」（『中学生の道徳2　自分を考える』廣済堂あかつき）
「心がひとつに」（『中学生の道徳3　自分をのばす』廣済堂あかつき）

二枚の写真

　宮下は久しぶりに歩く通学路を懐かしげに眺めていた。太陽は真上から照りつけて，歩くたびに首筋に汗がたまりシャツが張り付く。夏の到来を予感させる梅雨晴れの日，宮下は二年前まで赴任していた峯山中学校に向かって歩いていた。地区の体育大会の打ち合わせをするためだ。
　二年前，宮下が受け持っていたのは一年生のクラスだった。そのクラスには浩という筋ジストロフィーを患っている生徒がいた。彼は歩きながら思い出をたどった。

　秋の遠足のこと。道中には長い石段の昇り降りが必要だった。そのころ，浩はまだ歩いて通学を続けていたが，石段の昇り降りのような体を酷使する行事に参加させるのは不安だった。遠足の前日には浩の母親から宮下のもとに電話が入った。欠席させたいという。浩本人は参加を強く希望していた。不安は残ったが本人が希望しているのだ。宮下は行けるところまで行ってみようと思った。だめならそこで戻ればいい。
　当日の活動は班単位で行われたが，浩の班は皆の行進から遅れた。班の男子三人が浩を取り囲み，二人の女子が浩の行進を励ます。五人が浩の歩みに合わせて石段を登った。
　帰り道も同じだった。下山後に昼食の予定だったが，浩たちの班は半時間ほども遅れて集合場所にやってきた。先に到着していた同級生たちは，弁当に手をつけず，浩たちの到着を待っていた。浩たちの姿が見えると，自然と拍手が湧き起こった。
　宮下はそんな思い出をたどりながら，懐かしい学校の正門をくぐった。かつての同僚たちから，時折，その後の浩たちの様子は聞いていた。浩の病気はよくならず，この春行われた卒業式に浩は出席できなかったという。宮下は学校の正門から背中を振り返って，正面に見える病院を眺めた。
　三年生の夏の終わりころから，浩はその病院に入院していた。病院は近く，辺りに大きな建物がないので病室の窓一つ一つがよく見えた。
　――あのどこかに浩がいるのだ。
　そう思うと，陽光に光って見える窓々を眺めるのが辛かった。
　峯山中学校の担当者は倉本という女性教師だった。体育の準備室を使って打ち合わせを済ませ，お茶を飲んでいるところで倉本が三年生時の浩の担任であることがわかった。
「じゃあ，宮下先生は浩君の一年生のときの担任なんですね」

倉本は驚いた顔をした。
「浩君の卒業式の話，知ってますか？」
「ああ，入院していたせいで出席できなかったと聞きました」
　宮下がそう応じると，倉本は宮下を待たせ，小走りに準備室を出ていった。戻ってくると嬉しそうに微笑んで宮下に一通の封筒を手渡した。
「写真が二枚入ってます。浩君の卒業式，いい卒業式でしたよ」
　倉本は話し始めた。

　浩の病室はいつも同級生たちの姿でにぎわっていた。時には笑い声が廊下に響いてくるほどで，看護師たちは，浩の病室はまるで教室のようだと言っていた。
　しかし，浩の病気は良くならなかった。やがて浩は自分の足で立つことができなくなり，車椅子での生活を余儀なくされるようになった。外に出ることが難しくなった浩は，よく病室の窓から，以前通っていた中学校を眺めていた。
　三月に入り，卒業の時期が近づくと，同級生たちが見舞っても浩の口数は少なくなった。倉本は浩の主治医に，卒業式に参加することはできるかと尋ねたが，主治医は首を横に振った。その足で病室を訪ね，卒業式の日に校長とともに卒業証書を持ってくると約束したが，浩は軽く笑みを浮かべただけだった。
　卒業式の当日，倉本と校長は，式が終わり次第，すぐに浩の病室に向かった。謝恩会などの行事は残っていたが，卒業生を含めた誰一人として，校長と倉本の中座をとがめる者はいなかった。
　病室に着くと，浩は驚いた顔をした。「帰り際に来てくれるんだと思ってた」と言って嬉しそうに笑った。倉本が浩を車椅子に座らせ，校長が祝辞を述べて卒業証書を取り出した。浩が受け取ろうとすると，校長はそれを手で制して，卒業証書を持ったまま窓際に向かった。倉本が浩の車椅子を押して浩を窓際に寄せた。校長が窓に向かって浩の卒業証書を高く掲げた。
　──なんだろうか
　浩は窓の向こうを覗いてみて驚いた。
　窓から見える学校の屋上に，卒業生たちの姿があった。校長の掲げた卒業証書を見て，浩の同級生102人全員が病室に向かって手を振っている。
　校長が浩を振り返り，満面に笑みを浮かべて卒業証書を浩に手渡した。浩は激しく顔を紅潮させていた。震える声で，「写真を撮ってください」と頼んだ。
　倉本は，卒業生たちを写すために持参していたカメラを掲げ，シャッターを二度切った。
　窓際に立った浩の肩越しに，屋上に立つ同級生たちが写っている。一枚は浩の笑顔にピントが合わせられ，一枚は，屋上の生徒たちをはっきりととらえていた。

「浩君が卒業式に出られないと聞いて、それなら屋上に行って、みんな一緒に卒業しようって生徒たちが言い出したんです。病室に校長先生が立ったのを合図(あいず)にみんなで拍手しようって、みんなすごくいい顔をしてました。病室まで聞こえるはずないのに、力いっぱい声を出して、手を振って、拍手して、みんな一緒に卒業したんです」

倉本の話を聞きながら、宮下は胸が熱くなった。

——ああ、これが学校だ。

今まで何度となく、学校とは何なのかと自問してきたその問いに、一つの答えを見つけたような気がした。

宮下は、もう一度二枚の写真を見た。

誰(だれ)もがみな、すばらしい笑顔だと思った。

8 海と空―樫野の人々―

① 主題名　国際理解，国際貢献　C―(18)
② ねらい　樫野の人々やトルコの人々の中にある思いを考えることを通して，世界の中の日本人としての自覚をもち，他国を尊重し，国際的視野に立って，世界の平和と人類の発展に寄与しようとする道徳的実践意欲を育む。
③ 出　典　『中学校道徳　読み物資料集』文部科学省

1．教材解説

①あらすじ：昭和60（1985）年イラン・イラク戦争のさなか，テヘランに取り残された邦人がトルコ航空機に救出された。その中の一人であった私はなぜトルコなのか疑問を抱いたまま20年が過ぎ，その理由が明治23（1890）年，紀伊大島の樫野崎で座礁したエルトゥールル号の遭難事故にあることを知った。その後トルコ記念館を訪れ，樫野の人々がトルコ人の救助・帰国を献身的に支えた事実がわかり，トルコ航空機による邦人救出に重ねて考えることで，危機に瀕した人々を助けたいとの共通の思いを，はっきりと意識した。

② 教材の読み
　(1) 生き方についての考えを深めるのは……私。
　(2) 考えを深めるきっかけは……樫野の人々がトルコ人の救助・帰国を献身的に支えた事実を聞き取ること。
　(3) 考えを深めるところは……樫野の人々が献身的にトルコ人を支えたことを考えたところ。

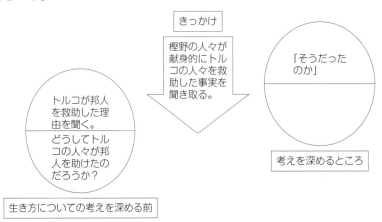

2. 指導のポイント

① 樫野の人々の思いをしっかり読み取り,「樫野の人々がそこまでやった思い」に大いに共感する。
② 特に「あたり前じゃ　一緒じゃ」の中にある思いを大切にする。ここの思いが教材の心臓部。子どもたちとじっくり意見交流する。
③「心に響く部分」「感動した部分」を各自で押さえる。教師が範読しているときに,その部分に線を全員に引かせるようにする。
④ イラン・イラク戦争時,テヘランにおける日本人の救出にトルコが救援機を出したことについて,概要を説明しておく。

3. 展開過程

	学習活動	発問と予想される児童の反応	指導上の留意点
導入			・「生きる」と黒板に書く。
展開	・範読を聞く。 ・心に響いた部分に線を引く。 ・心に響いた部分を発表する。	 あなたの心はどこに響きましたか。「素敵」「かっこいい」と思う部分を発表してください。 ・トルコが日本人のために飛行機を出してくれたこと。 ・人々が遭難したトルコ人を必死に助けたこと。 ・救助活動が「当り前じゃ。」で終わっていること。	・心に響いた部分に線を引くよう指示し,教材を範読する。 ・樫野地区の位置について押さえておく。 ・教材に線を引いた箇所を発表させる。
	・樫野の人々の思いを考える。	どうして樫野の人々は,ここまでやったのでしょう。 ・人間は助け合わなければいけないから。 　㊉どうして助け合わなければいけないの? ・自分たちがやらないと助からないから。 　㊉どうしてそんな危険を冒す必要があるの? ・今やらないと後悔すると思うから。 　㊉どうして後悔すると思うの? ・海で遭難した者を救うのは自分たちの役目と思うから。 　㊉どうして役目なの? ・つらいときはお互い様という思いがあるから。 　㊉なぜお互い様なの?	・問い返しによる対話を多用し,樫野の人々の献身的な行動の背景となっているものを考えさせる。

	・「当り前じゃ。」という言葉に込められた思いを考える ・すべての食料を提供してまで救助する樫野の人々の思いを考える。	補「当り前じゃ…トルコの方も一緒じゃ。」と言っていますが、何が当り前、何が一緒なの？ ・助けるのは海の人間としては当り前。 ・人間はみんな一緒、困っているときは助ける。 ・トルコの人と自分ら同じ人だから。 補「この後、樫野地区の畑には…」ということですが、この中に樫野の人々のどんな思いが込められていますか。 ・後のことより、目の前のことが先。 ・何もかもがなくなってしまってもいいから、困っている人は助けよう。 ・お互いが大切な存在。その存在をしっかり認め守ろうという思い。	・中心発問の対話の中で深めることができていれば、補助発問はしない。 ・樫野の人々が村をあげて全力で救助した思いに迫る。
終末	・発問をもとに、自分の考えを書く。	樫野の人々とトルコの人々には、どんな思いが共通していますか。	・発問について考えさせ、道徳通信として紹介する。 生きる ⇒よりよく生きる

4．板書記録

―海と空―樫野の人々―

よりよく生きる

素敵だと思う部分
トルコが日本のために飛行機を出してくれたところ。
樫野の人々が遭難したトルコ人を必死で助けたところ。
暴風の中必死に助けた。一晩中体をさすった。
すべての作物や鶏などをトルコの人々のために提供した。
「あたり前、一緒じゃ」の一言で終わったところ。

樫野の人々はどうしてここまでやったのですか？
互いに人間は助け合わなければいけないと思うから。
困っている人を助けるのは当り前のことだから。
自分たちがやらないとトルコ人は助からないから。
今やらないと後悔すると思うから。
正しいことはしっかり貫きたいと思うから。
海で遭難した者を救うのは自分らの役目と思うから。
つらいときはお互い様という思いがあるから。
やらないと絶対いけない、後悔すると思うから。

樫野・トルコの人々共通した思い
困っている人は助けることは当り前という思い。
何かできることがあれば、自分の手でするという思い。
人間には助け合うことが大切だという思い。
よりよく生きようという思い。

5．授業記録〈中心発問より〉

T：なぜ樫野の人々は、そこまでしたのですか？
S1：助けたかった。困っているから。
T：なぜ困っていた人がいたら、ここまでするの？

S1：もし自分がそうだったら，助けてもらったら，うれしいから。
T ：うれしいのはわかるけど，うれしいからって，どうしてここまでしたの？
S2：できる限りのことをしてあげたかったから。
S3：食料もないし死んでしまうかもしれないから。
S4：せっかく助かった命を失わせたくなかったから。
T ：でも他人です。日本人と違う。兄弟でもない。どうして？
S4：国は違うけど，他人事じゃないから。このトルコ人の人たちみんな困っているから。
S5：がんばって灯台下まで降りて助けたのだから，誠意を見せて助けたかった。
T ：なぜそう思った？　ここが一番大事なところです。どうしてそう思った？
S5：難破したトルコ人の中には助からなかった人がたくさんいたから。だから，助かった人はその分も生きてほしいと思うから。
S6：目の前に助けてほしい人たちがいたから。
S7：樫野の人々には助けたいという気持ちがとても強かったから。
S8：その人たちが死んでしまったら，この事件というものが終わった後に，助かった人がいるのに，見捨てたことによって，自分たちのせいだという罪の意識をもつから。
S9：自分が精一杯のことをやって，助けられなかったとしても，やった感はあるけど，やらなかったら，自分の中で嫌だと思うから。
T ：貧しい樫野の人がどうしてここまでできたの？
S10：貧しい人たちだからこそ助けた。
S11：貧しいからこそみんなで助け合っていた。
T ：貧しいからこそ，みんなで助け合っていた？
S11：貧しいからこそ，みんなで助け合って生きていくことを知っていた。だから，日本人とかトルコ人とか関係なく地球に住んでいる同じ人間だから助けた。
S12：今トルコ人を助けられるのは，自分たちしかいないと思ったから。
S13：自分たちは貧しいし，全然お金とか持ってないけど，みんな輪になりつながっている。みんなでトルコ人を助けたいと思ったから。
S14：助けた人たちは勇気と優しさをもっていた。
T ：それどういうこと？
S15：勇気がない人は，周りがどうするか，見てからしか手が出せない。
S16：勇気があり優しい人は自分勝手に手を出すのではなく，周りと協力して助ける。
S17：日本人もトルコ人もみんなで助け合って生きている。だから，トルコ人を助けた。
S18：助けられている。だから助けた。

S19：日本人だからとかトルコ人だからとかじゃなくて，人間はみんな同じだから。
S20：いろいろな国も助け合ったりしているから。困っている人がいたから，助けた。
T ：そうだね。困っていたら助けるのが当たり前なんだね。だから，それは別にトルコ人でも日本人でも関係ない。遭難したので助けるのが当たり前。日ごろからそれが当たり前。だから樫野の人々はここまでやることができたのかな。

6．生徒の感想

・私は，この「海と空〜樫野の人々〜」を読んでみて，最初は「ああ，こうなんだ」って風に思っていましたが，話が進むにつれどんどん内容が濃くなっていきました。本当に互いの国が助け合っていってほしいです。どんな時も，お互いに相手のことを思ってやっていけばいいなと思いました。「どうしてここまでやったのですか？」これを何度も何度も聞かれたけれど，考えた分だけわかりました。今日はいい勉強になりました。
・人を助けるということは，私にとっては別に普通だけれども，「何で助けるの？」と言われてみると答えに困りました。今日は『助けるということ』についてしっかり考えました。今日の話では，日本人でないのに，同じ地球に住む人々だから助けたというところにジーンときました。樫野の人々はちょっと食料をあげたのではなく，ありったけすべてあげたことには驚きました。自分もトルコ人だったらとてもうれしいと思います。今日の授業は深く面白い授業でした。
・人は助け合って生きている。「トルコ人も日本人も関係ない。同じ地球人だ」同じ地球人だから，助ける助けない関係ないと思った。トルコ人のためにすべてをあげたことはすごいことだと思う。そこまでしなくてもいいのに。でもそこまでしたからいいのかな。すごい話だった。
・私も最初深く考えるまでは「どうして樫野の人々はそこまでしたんだろう」って思っていました。でも，みんなで考えて樫野の人々のもともと持っていたやさしさ，互いが助け合って生きているという思いが根底にあったからだと思いました。国も人種も関係なく，「困っている人を助けたい」という樫野の人々の思いが「文章」・「会話」からとても伝わってきました。

7．同じ内容項目の他の教材

「真の国際人―嘉納治五郎―」(『中学校道徳　読み物資料集』文部科学省)
「これからの私」(『かけがえのないきみだから　中学生の道徳1年』学研)
「ネパクラ小学校」(『道徳用読み物　想いとどけて』広教)

海と空―樫野の人々―

「助かった。」
　救援機の車輪がテヘラン空港の滑走路を離れた瞬間，私は「ああ，やっと戦禍のテヘランを離れることができた」と実感した。周りを見ると家族連れの多くは抱き合って泣いている。
　昭和六十（1985）年三月，イラン・イラク戦争のさなか，イラン在留の日本人たちは，テヘランから脱出しようとしていた。しかし，テヘラン空港に乗り入れていた各国の航空機は自国民を優先するため，日本人の搭乗の余地はなかった。私を含め日本人の全てが不安と焦りの中にいた。その緊迫した状況の中で救いの手が差しのべられた。トルコ政府が取り残された日本人救援のために飛行機を出してくれたのだ。こうして私を含めた216人が無事脱出できた。危機一髪だった。
　なぜトルコ政府が救援機を出してくれたのか。なぜトルコだったのか。この疑問を持ったまま，二十年近くも経ったある日，偶然，「イランからの脱出　～日本人を救出したトルコ航空～」というシンポジウムがあることを知った。私は次の日曜日，予定を変更して，電車を乗り継いでM市へ出掛けた。
　シンポジウムでは，トルコ政府が，飛行機を出してくれた背景に，トルコ人が親日的であることが強調されていた。そして，トルコ人が親日的になった第一の理由として，エルトゥールル号の遭難者を救助した樫野の人々の話があることを知った。
　しかし，親日的であるということだけで，あの危険な状況の中で，自国の国民よりも優先して日本人の救出に当たれるものだろうか。シンポジウムを聞いても，私の疑問は完全には解消しなかった。どうしても樫野に行ってみなければ，エルトゥールル号遭難の顛末を知らなければならないと思った。
　和歌山県串本の向かいの大島に樫野はある。今では，巡航船ではなく橋が架かり車が行き交う。私が妻と一緒にトルコ記念館を訪れたのは春の暖かい日だった。
　展示室は思ったよりもこじんまりしていて，エルトゥールル号の説明，写真や手紙などをじっくりと見て歩いた。しかし，まだ私は納得できず，いささか失望の思いで展示室を出ようとしたところ，出口のところに，分厚いファイルが置いてあることに気付いた。手に取ってみると，『難事取扱ニ係ル日記』と記されている。当時の大島村村長の沖周がエルトゥールル号遭難の経緯と事故処理について書き綴ったものだった。ページをめくってみると，旧字体とカタカナを使ったもので，読みやすいとは言えなかったが，何か分かるかもしれないと思い日記を読み始めた。
　しばらく読みふけり，ふと目を上げた時，館長が声を掛けてきた。
「ずいぶんと熱心にごらんになっていますね。」

「最初は商船だと思っていたのですね。軍艦だと知って驚いたでしょうね。救助活動としかるべきところへの連絡，事故処理等すごいですね。」
　館長は，何かの研究かと尋ねてきたので，私は，イランからの脱出と，シンポジウムのことを話した。
「そうですか。大変な思いをなさったのですね。」
「でも，まだ何だか分からないのです。なぜトルコの救援機が危険を冒してまで日本人を救出してくれたのか。」
　館長は，私の言葉に頷いた。
「私も，沖日記を読みました。そうした公的な記録と共に，エルトゥールル号遭難時の樫野地区の様子を伝える話もあります。おじいさんやおばあさんから直接，トルコ人救出の話が伝わっているのです。」

　あれは，明治二十三（1890）年九月十六日夜のことでした。この大島は串本に近い大島区，中部の須江区，そして東部の樫野区の三つの地区からなっていました。その東部の先に樫野崎灯台というのがあります。話はその灯台から始まったのです。
　樫野崎灯台の入り口の戸が激しくたたかれた時，時計は夜の十時半を指していました。当直の乃美さんが，扉を開けると暴風雨の中から一人の外国人が倒れこんできました。乃美さんはびしょ濡れの外国人を抱きかかえて中に入れ，明かりの下でみると，服はあちこちが裂け，顔も手足も傷だらけでした。急いで同僚の瀧沢さんを呼びました。二人の灯台職員に外国人は，身振り手振りでさかんに何かを訴えます。瀧沢さんはその様子から，海難事故であると分かりました。それで，奥の部屋から万国信号ブックを持ってきてページを繰りながら尋ねました。
「どこの国ですか。」
　その男は，しっかりと赤地に三日月と星の国旗を指差しました。それはトルコの国旗でした。
　瀧沢さんは，用務員を樫野地区の区長のもとに走らせるとともに，自身はその男の手当をし始めました。そうこうするうちに，次々と助けを求めるトルコ人たちが灯台にやってきました。
　他方，トルコ船の遭難の知らせを受けた樫野の人々は，急いで灯台下の断崖に向かいました。恐怖と疲労のあまり口も聞けないトルコ人を，樫野の人々は，両側から支え，歩けない者は背負い，灯台と樫野の村に運び込んだのです。
　樫野の人々は，村の家々から浴衣を集めて，トルコ人の濡れた衣服と取り替えさせました。でも，なかなか冷えた体の震えは止まりません。樫野の人々は，一晩中，手や足，背中と体中をこすって温め続けたそうです。
　朝までに六十九人のトルコ人が救助されました。
　困ったのは，食料でした。樫野地区の人たちは海に出て漁をしていたのですが，

この年，漁獲量が減っていましたし，米の値段も上がっていました。だから蓄えた食料もほとんど無かったと言っていいと思うのです。

ところが，樫野の人々は，トルコの人たちにありったけの食料を提供しました。
「これでサツマイモは全部だな。」
「ああ，畑には何にも残っとらん。」

その時，一人の長老が穏やかに，しかし力強く言いました。
「トルコの方は大勢いなさる。畑のものだけでは足りんから，みんなの家のニワトリをさばくことになるが。……みんな，ええな。」

即座に，赤銅色に日焼けした男が太い声で答えました。
「当たり前じゃ。いざという時のために飼っとるニワトリじゃ。わしらもトルコの方も一緒じゃ。食べてもらおうや。」
「そうや，そうや。元気にお国へ帰ってもらいたいからなあ。」

非常用のニワトリを差し出すことに，誰一人たりとも難色を示すものはいません。
「樫田さん，コックの腕のみせどころや。頼むで。」
「いやあ，この年で，お役に立てるとは。おかあちゃんたちも手伝うてや。」

樫田さんは，以前に灯台に勤めていた英国人のところでコックをしていたことがあり，専ら調理を引き受けました。ニワトリを追いかけ捕まえる人，サツマイモを洗う人，火をおこす人，椀を運ぶ人，樫野の人々の心づくしの洋食がたっぷりとふるまわれ，負傷者は元気を回復していきました。

この後，樫野地区の畑には，一個のサツマイモも無く，家に一羽のニワトリも無かったということです。

エルトゥールル号は，トルコ皇帝の命を受けて，答礼として明治天皇に親書と勲章を贈呈するためにやって来ていました。無事任務を果たした特使オスマン・パシャ一行を乗せたエルトゥールル号が樫野崎灯台下で遭難したのです。樫野の海から生還した六十九人は，明治政府の計らいにより軍艦「比叡」と「金剛」によって，無事トルコに送り届けられました。しかし，大多数の乗員は故郷へ帰ることはかなわず，水平線の見える樫野崎の丘に手厚く埋葬されたのです。

トルコ記念館を出た妻と私は，海を右手に見ながら樫野の丘に続く小道をたどった。
「百年以上も前だったのねえ。」
「そうだったんだなあ。」

私の脳裏には，イランからの脱出のこと，先日のシンポジウムのことなどが脈絡もなく浮かんでいた。

故国を遠く離れた異境の地で，しかも荒れ狂う嵐の海で，生死を分かつ危機に遭

遇したトルコの人たちと，テヘランの空港で空爆の危機に瀕した私たち日本人とを重ね合わせてみた。

　私たちは国際的規模の相互扶助によって助けられたことは確かだ。樫野の人々は，ただ危険にさらされた人々を，誰かれの別なく助けたかったに違いない。その心があったからこそ，百年の時代を経ても色あせることなくトルコの人々の中に，親日感情が生き続けているということであろう。トルコが救援機を出してくれたのも，危機に瀕した人々をただ助けたいと思ったからに違いない。私は長年の疑問が氷解して行くような気がした。

　私は，樫野の海を見た。

「海と空」

　それが水平線で一つになっていた。

9 キミばあちゃんの椿

① 主題名　生命の尊さ　D—⒆
② ねらい　病気がちだった裕介が，キミばあちゃんから広瀬淡窓の生き方を聞いて心情を変化させていくことを通して，生命の尊さについて，その連続性や有限性なども含めて理解し，かけがえのない生命を尊重しようとする道徳的実践意欲を育む。
③ 出　典　『私たちの道徳　中学校』文部科学省

1．教材解説

① あらすじ：入退院をくり返し，「何のために生きているのかな，生きていても仕方がないのじゃないか」と思う裕介は，訪問先のキミばあちゃんから広瀬淡窓の生き様を教えられる。多病で，何を目標に生きていけばよいか悩んでいた淡窓は，医師であった倉重湊の「見苦しい，努力が足りない，迷うことなく，ただ一筋に教師の道を進むべき」の言葉により，塾に専念し万善簿をつけるようになる。自分の甘さに気づいた裕介は，キミばあちゃんの手を握りしめる。

② 教材の読み
　⑴ 生き方についての考えを深めるのは……裕介。
　⑵ 考えを深めるきっかけは……キミばあちゃんから広瀬淡窓の生き様を教えられる。
　⑶ 考えを深めるところは……キミばあちゃんの手をぐっと握り締める。

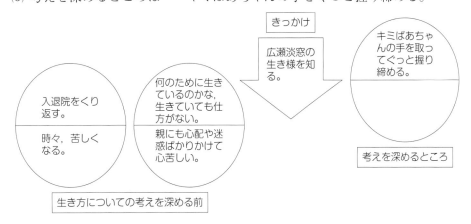

2．指導のポイント

① 導入は簡単に。道徳科の時間は「人間の魅力」を考える時間だと説明する。終末で今日の「人間の魅力」を考えさせ，ねらいとする道徳的価値について整理させる。
② 主人公の裕介が生き方についての考えを深める前を押さえる。入退院をくり返す裕介が生きる目標をなくしていることを生徒に捉えさせる。
③ 中心発問とその問い返しに時間をかける（25分から30分・全員発表）。問い返しや中心発問を書くスペースを空けて板書は時系列を基本にしながら生徒の答えを構造的にする。中心発問の答え（板書）は「過去―反省，後悔」「現在―感謝，謝罪」「未来―決意」等に分類して書き分ける。
④ 問い返し発問の中で，裕介が生き方を深めるきっかけ（助言者）となった広瀬淡窓の生き様を生徒に考えさせる。特に淡窓が咸宜園に専念した理由や万善簿の黒丸の思いなどを考えさせる。
⑤ 最後に五所平之助の句，「『生きることは一と筋がよし寒椿』いいねえ。」と言ったキミばあちゃんの思いを考えさせる。

3．展開過程

	学習活動	発問と予想される児童の反応	指導上の留意点
導入	・「人間の魅力」を考える。	○広瀬淡窓って知ってますか。（幕末最もはやった私塾の一つを開く）	・軽くあつかう。
展開	・教材の範読を聞く ・登場人物を把握する。 ・裕介の苦しい胸の内を考える。 ・広瀬淡窓の生き様を知り，生きる意味を知った裕介の心情を考える。	・裕介…病気がち　・キミばあちゃん…78歳 ・広瀬淡窓…病弱，咸宜園を開く ・倉重湊…医師 入退院をくり返し苦しくなった裕介は何を考えていたのだろう。 ・何のために生きているのか，目的がわからない。 ・生きていても仕方がない，生きる望みがない。 キミばあちゃんの手をぐっと握りしめた裕介はどんなことを考えていたのだろう。 ・自分が甘かった。 ・なんでも病気のせいにして生きることをあきらめていた。 ・病弱でも自分にやれることがあるはずだ。 ・キミばあちゃん，淡窓のことを教えてくれてありがとう。	・教材を範読する。 ・登場人物を整理する。 ・病気がちで生きる目的，希望を失くしている裕介の気持ちをつかませる。 ・病弱でも広瀬淡窓のように一生懸命生きることが大事だと気付いた裕介の心情を考えさせる。

展開	・広瀬淡窓が倉重湊から教えられ咸宜園を開こうとした理由を考える。 ・権藤が亡くなったとき,「介抱不行き届き」と黒丸を連ねた広瀬淡窓の思いを考える。 ・椿の生き様を考える。 ・今日の魅力を考える。	・ぼくは病気になんか負けない。 ・生きることは大変だけど,大事なことだ,命を大切にしないと。 ・キミばあちゃんも友だちもみんなぼくのことを気に掛けてくれていたんだ。その期待に応えなければ。だから一日一日を大切に生きる。 圃広瀬淡窓はどう考えて「咸宜園」を開いたのだろう。 ・まだまだ自分にはできることがあるはずだ。 ・病気のせいにして努力が足りなかった。 ・自分にできることは今まで頑張ってきた学問を教えることだ。 圃権藤さんが亡くなった時,黒丸をいくつも連ねずにいられなかった,広瀬淡窓の「万善簿」に込められた思いとは何だろう。 ・権藤のためにもっとできることがあったのではないか。 ・生命はもっとも重く,かけがえのないものだ。 ・見舞いに行けばいいと思っていた（白○１つ）。それではすまないことがある,それが死だ。 「生きることは一と筋がよし寒椿」いいねえ,とは何がいいのだろう。 ・椿のように最後の最後まで生き切ることが大事だ。 ・生きることに精一杯頑張ろう。 ○今日の魅力って何だろう。 ・生命の大事さ　・生きる目的,意味 ・生きることに感謝	※生きるのをあきらめていた裕介はなぜ「甘かった」と思えたのだろう？（問題解決的学習） ・病弱でも何かに精一杯生きようとすることの大切さに気付いた広瀬淡窓の思いを考えさせる。 ・生きることが何よりも大事だから黒丸を連ねた広瀬淡窓の思いを考えさせる。 ・椿のように最後まで精一杯生きることの大切さを考えさせる。 ・すべて受け止める。
終末	・感想を書く。		・道徳ノート（感想用紙）に記入する。

4．板書記録

```
キミばあちゃんの椿

裕介　病気で入退院をくり返す
「何のために生きている」「生きていても仕方がない」

裕介←→広瀬淡窓
○咸宜園を開く　多病　何を目標に生きていけば…
　病気のせいにして努力が足りなかった。
　まだまだ自分にはできることがあるはずだ。
　自分にできることは学問を咸宜園（塾）で教えることだ。
　自分の生命を咸宜園に●を連ねる
○万善簿に
〈倉重湊〉からの助言
　生きることは人間にとって最も大切なことだ。
　自分は権藤のために最善を尽くしたのか。
　生命はもっとも重く、かけがえのないものだ。
　見舞いに行けばいいと思っていた（○1つ）。
　それではすまないことがある。それが死だ。

裕介
　キミばあちゃんの手を握り締める
　自分が甘かった。病気のせいにしてあきらめていた。
　病弱でも自分にやれることがあるはずだ。
　キミばあちゃん、教えてくれてありがとう。
　ぼくは病気になんか負けない。負けちゃいけないんだ。
　病気がちでも努力すれば何かができるはずだ。
　生きることは大変だけど、大事なことだ。
　命を大切にしないと。
　みんなぼくのことを気にかけてくれていたんだ。
　その期待に応えなければ。
　一日一日を大切に生きる。

「生きることは一と筋がよし寒椿」いいねえ
椿のように最後の最後まで生き切ることが大事だ。
生きることに最後まで精一杯頑張ろう。
```

5．授業記録〈中心発問より〉

T：キミばあちゃんの手をぐっと握りしめ，裕介はどんなことを考えていたのだろう。
S1：今まで自分が思っていたネガティブ思考がだめだったんやなと。
S2：すぐ自分のできることとかを否定して，何も行動してなかった。
S3：キミばあちゃんにこれからも淡窓みたいに頑張るということを誓った。
S4：自分ができる可能性があったのにやろうとしなかった。
S5：自分と同じような人もりっぱなことしたから，頑張ったらその人みたいにできる。
S6：自分ができる可能性があった。
T：どんな可能性？
S6：一所懸命生きること。
S7：何事もあきらめたら終わりやなと思った。
S8：自分は情けない。
T：なぜそう思った？
S8：ずっと弱音を吐いてきたから。
S9：苦しい人はいっぱいいるのに，自分だけネガティブになってダメだなと思った。

T ：ところで，淡窓は面白いことをやっている。何かいいことをしたら白丸一つ，悪いことなら黒丸。そして塾生の権藤さんが亡くなった時，黒丸をいくつも連ねずにいられなかった，淡窓の「万善簿」に込められた思い（黒丸10個）とは何だろう。

S10：不幸なことが起きたから。自分も病弱で死ぬかもしれない。

S11：自分の塾生が亡くなり，その人のためを思って，その日自分の心が沈んだから。悲しかった。黒いという感じ。

S12：もっと話しておけばよかったという後悔。

S13：この人が死ぬまでに，教えるとかできることがあったのにそれができなかった。

S14：自分の塾生が亡くなったから悲しいのもあるし，もう塾に通えないから。

S15：自分は悪いことしてないけど，悲しすぎて。心が暗くなる。一緒に勉強した仲間がいなくなる。

S16：自分がもうちょっと，お見舞いとかなんかしてたら権藤さんも楽に死ねた。未練がないかも。

S16：そういう気分。

T ：なぜそういう気分？

S16：10個ぐらい教えたいことが残っていたから。

S17：自分も病気やったけど，なんかできることがあったかと。

S18：自分が教えていた生徒が死んで，悲しいという気持ちもあって，いいこと（白丸）ではないし，黒丸と思ったから。

S19：見舞ったときに白丸，行けないときは黒丸がついていて，死ぬときに行っておけばよかったと思って。後悔した。

S20：今まで塾で，社会で活躍してもらうために教えてきたのに，死んでしまってそれが叶わないから，今まで自分は何を教えていたんやという反省。

S21：見舞いに行けなくて後悔した。

S22：もってしてあげられることがいっぱいあったと思った。

S23：もっと教えることがあったから。

S24：悲しかったから。黒丸10個分の悲しさがわきあがってきたから。

S25：後悔もあるけど，記録として忘れないために。

S26：亡くなった人が，自分のせいではないけど，将来できるであろうことができなくなったから。

S27：自分の塾生が亡くなって，すごいショックがあって。

S28：塾生は自分の子どもみたいにかわいがっていたから，亡くなって悲しい。

6．生徒の感想

- 人を思いやる気持ち。人を思えることが一番の「人間の魅力」だと思った。自分の教え子が亡くなってしまい悲しい気持ちがあり，それは良いことではないし，自分の中で悪い出来事だったので黒丸をつけ，10個の数は亡くなった教え子の命の「おもみ」の10個だったのではないかと思った。
- 私も「何のために生きているのか」って考えることはあって，裕介には共感できるところがありました。普段生活していて，気にしていないと良いことをしても悪いことをしても自分ではあまり気づかないと思うし，一日を白丸，黒丸で振り返るのはとてもいいことだと思いました。数十億人も生きているこの世界で自分が何ができるのかっていったらわからないけど，一人でも他の人を笑顔にすることはできると思うので，私は自分にできることをしていきたいと思いました。
- 裕介は自分のことばかり考えていて，淡窓の自分も病気なのに頑張ったり人を思う気持ちを知って自分はだめだったと思ったのだと思う。最後の最後まで生き切る。この先つらいことがあっても自分だけが不幸じゃないと思い必死に明日へ向かって生きていこうと思う。
- 広瀬淡窓は，すごい人だと思った。私も体が弱い方で，体が弱いことによって何もできなくなることがあるけれど，「キミばあちゃんの椿」を聞いてクヨクヨしていてはいけないと思えた。裕介もそんな風に思ったと思うし，裕介も前向きになって人生が少し変わるんじゃないかと思う。
- 自分にも，「生きててもしんどい」と思ったことが何回もあって，いつも助けてくれた人は先生だったり，家族でした。もし自分が裕介だったら，病気にもたたかえず，弱音ばっかりだして，泣いたり，自分を責めていたと思います。自分も同じ経験をしているので良い話だったと思います。

7．同じ内容項目の他の教材

「自分の番　いのちのバトン」（『中学生の道徳1　自分を見つめる』廣済堂あかつき）

「あなたはすごい力で生まれてきた」（『中学生の道徳1　自分を見つめる』廣済堂あかつき）

「命の重さ」（『中学生の道徳2　自分を考える』廣済堂あかつき）

「ドナーカード」（『中学生の道徳3　自分をのばす』廣済堂あかつき）

キミばあちゃんの椿

「こんにちは,キミばあちゃん。」
　裕介たちの学校では学期に一回,近くの一人暮らしの老人を訪問している。キミばあちゃんは今年七十八歳。長い間,大学で国文学を教えていたそうだ。大学の先生というと,気難しそうに思われがちだけど,とても気さくで話好きである。
「よう来てくれたね。美紀ちゃん,佐織ちゃん,順ちゃん。あれ,裕ちゃんはいないのかい。」
　訪問も三年目になって,キミばあちゃんを訪問して元気付けるというよりも,キミばあちゃんが裕介たちの相談相手になってくれている。
「裕介ね,また入院したんだ。しばらくかかるらしい。昨日寄ってみたんだけど,あいつあんまりしゃべらなくて,黙っているのも気詰まりで,せっかく行ったけど,すぐに病室を出てしまったんだ。……どうしたらいいのかなあ。」
　順平が助けを求めるようにキミばあちゃんの方を見た。キミばあちゃんもすぐに順平の気持ちを察したようだ。
「難しいなあ,順ちゃん。でも心配している順ちゃんの気持ちは裕ちゃんにも分かるよ。」

　それから四か月がたち,最後の訪問日となって,四人はそろってキミばあちゃんの家に行った。
　キミばあちゃんは,みんなの顔を見るなり,すぐに裕介に調子はどうかと尋ねた。
「ここんとこはまあまあなんですけど。すぐに具合悪くなっちゃうんで……。」
と,裕介は寂しそうに答えた。
「裕ちゃん,一人で悩むと落ち込むよ。裕ちゃんには心配してくれる友達もいるんだからね。」
と,キミばあちゃんは,裕介の背中をポンとたたいた。美紀も佐織もそうだそうだと言うようにうなずいた。
「うん。元気になれるっていつも自分に言い聞かせているんだけど。時々ね,……苦しくなるんだ。」
「苦しくなるって。」
「ずっと一生こんなふうに病院を出たり入ったりするのかな,と思うと……。」
　キミばあちゃんは,裕介の肩に手を置いて座らせ,優しい目で次の言葉を促した。
「親にも心配や迷惑ばかりかけて心苦しいし,何のために生きてるのかな,生きて

いても仕方がないのじゃないかと思ったりすることもあるんです。」
　いつもは感情をあまり表に出さない裕介の声が、震えているのに気付いた順平は、驚いて裕介のそばに寄った。
「そうかい。」
　キミばあちゃんは穏やかに言うと、立ち上がった。
　隣の部屋から何冊かの本を手に戻ってくると、一冊を開いて裕介の前に置いた。そのページには、しおりが挟んであった。
「裕ちゃん、この本には、『広瀬淡窓』という人のことが書いてある。七十五歳まで生きたんだけれども、とても病弱だった人なんだよ。その淡窓が二十三歳のときに倉重湊という医師に宛てた手紙と、その後のいきさつが書いてあるから読んでごらん。」
　裕介は本を手に取った。
「生来、多病の私ですが、今最も憂えているのは、何を目標に生きていけばよいかということです。幼いときから勉強に励んできたことを生かして身を立てる以外にないように思うのです。そうするなら、どこかの藩に仕官するか、都へ出て自分で塾を開くかだと思うのです。しかし、病気がちの私には務まりません。この日田で教師となることも考えましたが、この地で儒者として成功した人はいません。私も数年来、生徒を集めて教えていますが、とても生計を立てられるほどには人は集まりません。医師になることも考えたのですが、長い修行も必要ですし、だからといって農工商売もたやすいことではありません。どうすればよいのか悩んでいます。どうぞ解決の良い方法を教えてください。」
　ところがなかなか返事が来ないので、待ちきれなくて淡窓は倉重に会いに出掛けて行った。
「確かに手紙は読んだ。趣旨はともかく、同じことをくどくど繰り返して、愚痴や恨み言ばかり並べて見苦しい。君の行くべき道はただ一つしかなく迷いようがないではないか。君の得意な分野で生きていくことだ。教師では食えないと言うが、それはまだ真剣に教えていないからだ。私の見るところでは、まだ工夫や努力が足りない。不健康を理由に、だらだらした生活を送るならば、父母への最大の不孝だ。迷うことなく、ただ一筋に教師の道を進むべきである。」
　倉重のこの言葉で、淡窓はこれまでの判断しかねていた気持ちを吹っ切って塾に専念することにした。

　裕介は、ここまで読んで顔を上げた。キミばあちゃんが湯飲みを両手に包み込むように持ってこちらを向いている。順平は少し心配そうな顔付きで見ている。裕介は、広瀬淡窓はこの後どうしたのだろうという思いが湧き上がってきた。そして病気はどうなったんだろうという思いも消えなかった。

「淡窓は,江戸時代に今の大分県の日田に『咸宜園』という塾を開いたんだよ。『咸宜』というのは『みなよろし』という意味でね。身分に関わらず,みんな勉強しに来なさいということなんだ。日本中から塾生が集まってきたんだよ。
　淡窓の病弱は治ったわけではない。いつも体中のあちこちに痛みがあって,そのために何か月も寝込んだんだよ。なかなか辛抱できないような痛みも耐えて,懸命に頑張ったんだ。まあ言ってみれば,病気をすればするほど少々の困難にはびくともしない精神的な強さを身に付けたんだろうね。自分だけが何でという思いもあったとは思うけど。それを何かのせいにせず,前へ進もうとしたのが広瀬淡窓なんだよ。あれあれ,ちょっとお説教臭くなったかねえ。それなら,一つ面白いものを見せよう。淡窓のチャレンジだよ。」
　キミばあちゃんは,黒と白の丸がずらっと並んだコピー用紙をみんなに配った。右上に万善簿と書いてある。
「まんぜんぼ。」
　四人が一斉に声を上げた。
「そう,『万善簿』と言ってね。淡窓が,今日から一万個の良いことをしようと付けた帳面なんだ。良いことをしたときは白丸。悪いことをしたときは黒丸。例えば,生き物を大事にしたというときは白丸。体に悪いことをしたときは黒丸。毎日帳面に付けて,白丸と黒丸を計算して,今日は白丸がいくつ残ったというように付けるんだ。私が一番好きなのは,黒丸が十個も書いているところ。何をこんなに悪いことをしたのかと思ってみると,『権藤生　死す』とある。権藤さんという塾生が亡くなったんだね。そして,『介抱不行き届き』と書いてあるんだよ。自分の所に来ている塾生が死んだからといって,これだけの黒丸を連ねているんだよ。気になって,帳面の少し前を見ると,今日は権藤生を見舞った。白丸一つ。今日は権藤生を見舞うつもりだったが行けなかった。黒丸一つと書いてあるんだよ。自分が病人なのにね。それでも,権藤さんが亡くなったときには,黒丸をいくつも連ねずにはいられなかったんだね。人柄が分かるね。」

「すごい人がいたんだね。とっても僕は広瀬淡窓とかいう人のようになれないだろうけど……。甘かったんだね。キミばあちゃん,ありがとう。」
　裕介は,キミばあちゃんの手を取ってぐっと握り締めた。

「裕介,僕らも万善簿,いや,百善簿くらいやってみるか。」
　美紀と佐織は,私たちもやってみようと言い出した。そして,庭を指差した。
「庭の椿がきれいだね。美しいものを美しいと思う,この気持ちに白丸一個。」
と,すまして言うと,キミばあちゃんは,窓を開けた。
「きれいだろう。あの椿。あれはね,冬の寒い中でもきれいな花を咲かせる。そし

て，椿は最後の最後まで生ききる。だから私は好きなんだよ。あんなふうに生きたいと思っているよ。そうそう五所平之助さんという人が詠んでいる句があってね。『生きることは一と筋がよし寒椿』，いいねえ。」

10 いつわりのバイオリン

① 主題名　よりよく生きる喜び　D—㉒
② ねらい　弟子の作った作品を自作のものと称して著名な演奏家に提供してしまう師匠フランクの葛藤を通して，人間には自らの弱さや醜さを克服する強さや気高く生きようとする心があることを理解し，人間として生きることに喜びを見出そうとする心情を育む。
③ 出　典　『中学生の道徳1　自分を見つめる』廣済堂あかつき

1．教材解説

① あらすじ：腕のよいバイオリン職人フランクは，著名なバイオリニストからの依頼を引き受けたものの思うような作品が出来上がらず，弟子のロビンが作った作品を自分のものと称して渡してしまう。演奏会は大成功に終わったが，フランクの心は重くなるばかり。見かねたロビンがフランクのもとを去り，やがて弟子たちも一人，二人と去っていく。ある日，そんなフランクのもとにロビンから「今でもあなたの音を求めてバイオリンづくりに励んでいます。」との手紙が届く。便箋を手にしたフランクの涙が床に落ちる。
② 教材の読み
　(1) 生き方についての考えを深めるのは……フランク。
　(2) 考えを深めるきっかけは……ロビンからの手紙。
　(3) 考えを深めるところは……涙が床に落ちるところ。

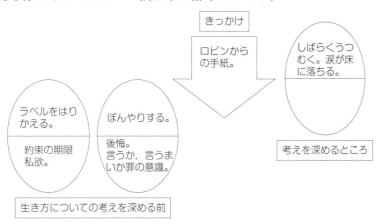

2．指導のポイント

① 助言者として描かれている弟子のロビンの行動があまりにも粋なため，ロビンの生き方に興味がいってしまう生徒もいる。授業では，主人公フランクの姿を通して，弱さをもっているものの，それを乗り越え，次に向かっていく素晴らしさを考えさせたい。

② とても生徒が引き込まれる人間の弱さが描かれた教材である。主人公の姿を通して，人が誰でも持つ弱さや醜さ等の欠点を考え，それを克服したいと願う心も併せ持っていることをしっかりと考えさせたい。

③ ロビンからの手紙を受け取ったことで，人としての誇りを取り戻し，崇高な人生に向かって歩き始めたフランクの生きることへの喜びを考えさせたい。

3．展開過程

	学習活動	発問と予想される生徒の反応	指導上の留意点
導入	・世界一高いバイオリンの値段を予想する。	世界で最も高いと言われているバイオリンはいくらするでしょう。 ・10万円　・100万円　・1000万円	・あまり時間をとらず，さらっと流す。
展開	・範読を聞く。 ・自分の弱さに負けてしまったフランクの思いを考える。 ・悩み，葛藤するフランクの思いを考える。 ・フランクが流した涙にこめられた思いについて考える。	フランクはどうしてラベルをはりかえたのでしょう。 ・約束の期限に間に合わなかったから。 ・納得のいくものができなかったから。 ・私欲のため（お金，名誉，よりよい生活）。 補 バイオリンを差し出すフランクの手がなぜ震えていたのか。 フランクがぼんやりしていることが多くなったのはなぜでしょう。 ・後悔している。　・途方に暮れている。 ・悩んでいる（言うか，言うまいか）。 ・罪の意識で仕事が手につかない。 便せんを手にしたまましばらくうつむいていたフランクの涙とともにあふれ出た思いは何だったのでしょう。 【後悔】 ・何てことをしてしまったんだろう。 ・活躍するロビンと対照的な自分の情けない姿。 【怒り】 ・自分に対する情けなさ。	・教材を範読する。 ・フランクの内なる良心の声と，それでも手を伸ばしてしまう人間の持つ弱さの両方を考えさせる。 ・「何とかしたい」と思うフランクの心情にも共感させる。 ・演奏会の成功によって注文が殺到する中で，フランクの呵責の念が増幅していくことに気づかせる。 ・後悔の念だけでなく，誠実な生き方への決意についても気づかせる。 ・ロビンの生き方等ではなく，あくまでもフランクの視点で考えさせる。

		【謝罪】 ・ロビンに対して申し訳ない。 【決意】 ・これからは周囲や自分自身に対して誠実に生きたい。 ・ロビンのように強く生きていく。	
終末	・フランクの生き方について考える。 ・感想を書く。	これからフランクはどんな生き方をしていくだろう。 補 バイオリンづくりは続けるのだろうか。	・授業で考えたことを深めさせる。 ・ワークシートを配布し，授業評価をした後書かせる。

4．板書記録

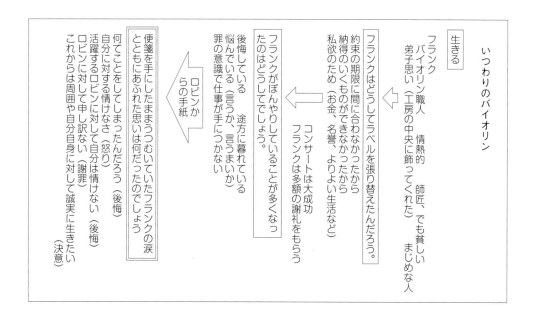

5．授業記録〈中心発問より〉

T：活気のなくなった工房を弟子たちも一人，二人と去っていきます。そんなフランクのもとにロビンから一通の手紙が届きます。すぐに読んだ？

S1：中に書いてあることの心当たりが多すぎて，ああ，来てしまったかと思ってなかなか読めなかった。

T：手紙を読み終えたフランクは，便せんを手にしたまましばらくうつむいていました。涙が，床に落ちました。涙はどんな涙だったと思う？

S2：川が流れるみたいに流れた。

S3：一滴にその感情が凝縮された，小さいけど意味としては重い一滴がぽたっと

落ちた。
T：フランクはうつむいて何を考えていたのでしょう。
S4：手紙に何て書こう。
S5：しかし，まだまだあなたのバイオリンを越えるものは作れません，というところは，自分のものを使ったって知っているから，そのことで，フランクが落ち込んでいると知っているからそれを取り戻そうとしてくれているのかなと考えていた。
S6：いろいろ考えて混乱していた。
S7：今までの記憶が，バイオリンづくりをしている時から，ロビンが出て行くまでがどんどんリピートされていた。
S8：ロビンはバイオリンを渡すときに気がついていたけれど，責められるかと思っていたらそういうことは何も書いてなくて，責められることもなく，思いやりがあるなあと思って感動したのと，罪悪感がまた出たり，いろんな思いがあふれた。

　　　　　…

T：もし，「生きる」の前に何かつけるとしたら何がいいでしょう。
S3：感謝して「生きる」。
S9：反省して「生きる」。
S10：乗り越えて「生きる」。
T：フランクはこの後どんな手紙をロビンに書いたんでしょうね。感想文用紙を配ります。自由に書いてください。

6．生徒の感想

・フランクは良いバイオリンを作る人だったけど，こだわりがあってそのこだわりがあったからロビンのバイオリンを渡してしまったんだと思う（自分で作ったバイオリンが納得いかなくて時間が足りなかったから）。でも，フランクは悔しかっただろうし，もし私がフランクの立場になっても悔しいと思うし，どうしても完成させて，自分の力でバイオリニストや観客に認めてもらいたかったと思います。だから，フランクはロビンの手紙をきっかけにがんばれたのだと思います。
・私は何となくフランクの気持ちが分かる気がします。上手くできなかったから，おいつめられて弟子のロビンの作品を渡してしまったんだと思います。私もフランクの立場だったらこうしてしまうと思います。フランクは手紙でも良いのでロビンに正直に謝れたらなと思います。
・フランクは悪いことをしてしまったけど，生涯の宝，と言ってもらえるようなこ

とをしたということはすごいことだと思いました。フランクも弟子のロビンという生涯の宝を手に入れられたんじゃないのかなと思います。でも，私はフランクのようなことは絶対にしたくないと思いました。
・フランクは手紙には感謝や謝罪の言葉を延々と綴ったのではないかと思います。今日の授業では私もフランクみたいになるかもしれないけど，ロビンのような人がいたらがんばって立ち直れるかもしれないと思えました。

7．同じ内容項目の他の教材

「銀色のシャープペンシル」（『中学生の道徳1　自分を見つめる』廣済堂あかつき）
「ネパールのビール」（『中学生の道徳2　自分を考える』廣済堂あかつき）
「カーテンの向こう」（『中学道徳3　心つないで』教育出版）

いつわりのバイオリン

　その昔、ドイツのブレーメンという町のはずれに、バイオリンをつくる小さな工房がありました。そこではフランクという腕のよい職人がせっせとバイオリンづくりに励んでいました。当時はまだ機械を用いることはなく、すべて手づくりで一つ一つ丁寧に仕上げていました。仕上がったバイオリンの内側には作者の名前の入ったラベルを貼ることになっているのですが、フランクは納得のいかない作品には、自分のラベルを貼ろうとはしません。暮らし向きは決して楽ではありませんでしたが、よりよい音を求めて、バイオリンづくりに情熱を燃やすフランクでした。
　一人コツコツとバイオリンづくりに励んでいたフランクの元に、その評判を聞いて弟子たちが各地から集まりはじめました。その中に、ロビンという若者がいました。彼はフランクのつくるバイオリンの音色にあこがれ、遠くボヘミアの地からフランクの技を学び取ろうとやってきたのでした。フランクは分け隔てなく、集まった弟子たちに自分のもっている技術を授けようとしました。その中でロビンは、情熱も才能もきわだっていました。

　十年の歳月が流れ、ロビンのバイオリンづくりは円熟してきました。弟子たちにもなかなかラベルを貼ることを許さなかったフランクでしたが、ロビンにはそれを認めました。ロビンのラベルが貼られた第一号のバイオリンは、フランクの音色に勝るとも劣らないすばらしい作品でした。作品は工房の中央に飾られました。ロビンはフランクに認められたことを誇りとし、ますますバイオリンづくりに熱が入っていくのでした。
　そんなある日、ドイツの世界的に著名なバイオリニストがフランクのバイオリンの評判を聞き、工房を訪ねてきました。町はずれの工房に、有名なバイオリニストがやってくることはふつう考えられません。フランクも弟子たちも感激し、名誉に感じました。
　次のコンサートはぜひフランクのバイオリンで演奏したい、とそのバイオリニストは言いました。フランクにとって、夢のような話です。演奏会が成功すればフランクの名はドイツ中、いや世界中に広まるかもしれません。そして、工房も活気づくことでしょう。またとないチャンスです。
　ところが、フランクのラベルが貼られたバイオリンはとぶように売れてしまいストックは一つもありせん。つくりかけのものがいくつかあるだけです。演奏会の日程から考えると、十分な時間があるとはいえません。納得のいく音色が出るバイオリンを仕上げるのはむずかしいように感じたフランクは悩みました。
　─何とかしたい……。

心の中でフランクはつぶやきました。同時に，いろいろな想像が頭の中を駆けめぐります。
　著名なバイオリニストがフランクのバイオリンを演奏しています。そして自分のバイオリンが奏でる音色が喝采を浴びる光景。
　フランクはバイオリニストに向かって言いました。
「分かりました。いま制作中のものがあります。この品をお約束の日までに仕上げましょう」

　それからのフランクは，食事も取らずにバイオリンづくりに熱中しました。徹夜もつづく日々でした。弟子たちには，何かにとりつかれているようにみえました。
　そして約束の日の夜明け前，バイオリンはでき上がりました。薄暗い工房でフランクはそのバイオリンを弾いてみました。
「……だめだ」
　その音にフランクはため息を漏らしました。
「こんな音では，だめだ」
　──最初から満足のいくものができるわけがないのは，分かっていたではないか……
　フランクは自分を叱りました。バイオリニストには正直に言って謝るしかない。
　──しかし演奏会は台無しになるし，こんなチャンスも二度とこないだろう……
　夜が白々と明けてきました。フランクは一人工房の中で呆然と座り込んでいました。
　そのとき朝日が工房に差し込み，一台のバイオリンを照らし出しました。それはフランクがロビンにはじめてラベルを貼ることを許したバイオリンでした。
　ぼんやりと眺めていたフランクの手が，ロビンのバイオリンに伸びていきます。一瞬，手を止めたものの，気がつくとフランクはそのバイオリンを手にしていました。そしてロビンの名前のラベルをはがし，自分のラベルに貼りかえてしまったのです。

　その日の昼前にバイオリニストはやってきました。
「お約束の品です」とバイオリンを差し出すフランクの手は，少し震えていたようでした。
　バイオリニストはバイオリンを受け取るやいなや弾きはじめました。そのみごとな音色に，工房は一瞬時間が止まったかのようでした。弟子たちは手を休め，その音に聞き入っています。その中で一人ロビンは，息が止まるような衝撃を受けていました。
「これはすごい。まさに逸品だ」バイオリニストはそう言い残すと，満足そうにバイオリンケースをかかえ，工房をあとにしました。

演奏会は大成功でした。終演後も，喝采がしばらく鳴りやむことはなかったということです。
　フランクの元にはバイオリニストからの礼状と巨額の謝礼金が届きました。フランクのバイオリンは一躍有名になり，工房には各地から注文が殺到しました。
　しかしフランクの心は重く，憂うつです。一方ロビンは，黙々とバイオリンづくりに集中しています。
　──ロビンに打ち明けなければならない……
　フランクはそう思いながらも，なかなか言葉がみつからず，毎日胸を痛め続けました。
　活気に満ちた工房の中で，フランクはぼんやりしていることが多くなりました。
　ロビンは，心ここにあらずといったフランクを見ているのがつらくなりました。
　──自分がいることでフランクを苦しめているのではないか……
　ロビンはそう感じました。
　彼は故郷のボヘミアへ戻り，自分の工房を開く決意をしました。

　故郷に戻ったロビンは，何かが吹っ切れたようにバイオリンづくりに情熱を傾けました。くる日もくる日も自分の音を求めて，真摯にバイオリンづくりに励みました。そしてフランクと同じように，満足のいかない品には決して自分のラベルを貼ることはありませんでした。ロビンのバイオリンは，ボヘミアの地でたちまち有名になったのでした。
　一方，ロビンのいなくなったフランクの工房には，生気なくバイオリンをつくるフランクの姿がありました。そんなフランクの元を弟子たちは，一人去り二人去り，工房は徐々に活気を失っていきました。

　ある日，フランクのもとに一通の手紙が届きました。風の便りでフランクの工房の様子を知ったボヘミアのロビンからのものでした。フランクは，少しためらったあと，おそるおそる封を切りました。
「……私はあなたのバイオリンの音色に憧れあなたの弟子になりました。あなたのもとでバイオリンづくりの修行ができたことは，生涯の宝です。今でも私はあなたの音を求めてバイオリンづくりに励んでいます。しかしまだまだあなたの音を超えるバイオリンをつくることができません……」

　手紙を読み終えたフランクは，便せんを手にしたまましばらくうつむいていました。涙が，床に落ちました。
　フランクはロビンに便りをしたためるため，筆をとりました。

（鴨井雅芳 作による）

楽しく豊かな道徳科の授業をつくる

2017年11月10日　初版　第1刷発行　　　　　　　　〈検印省略〉

定価はカバーに
表示しています

監修者　横　山　利　弘
編　者　牧　﨑　幸　夫
　　　　広　岡　義　之
　　　　杉　中　康　平
発行者　杉　田　啓　三
印刷者　江　戸　孝　典

発行所　株式会社　ミネルヴァ書房
607-8494 京都市山科区日ノ岡堤谷町1
電話代表（075）581-5191
振替口座　01020-0-8076

© 牧﨑・広岡・杉中ほか，2017　共同印刷工業・藤沢製本

ISBN978-4-623-08085-4
Printed in Japan

■すぐ実践できる情報スキル50 学校図書館を活用して育む基礎力

塩谷京子編著　B5判　212頁　本体2,200円

●小・中学校9年間を見通した各教科等に埋め込まれている情報スキル50を考案。学校図書館を活用することを通して育成したいスキルの内容を，読んで理解し，授業のすすめ方もイメージできる。子どもが主体的に学ぶための現場ですぐに役立つ一冊。

■教育実践研究の方法──SPSSとAmosを用いた統計分析入門

篠原正典著　B5判220頁　本体2800円

●分析したい内容項目と分析手法のマッチングについて，知りたい内容や結果から，それを導き出すための分統計分析方法がわかるように構成した。統計に関する基礎知識がない人，SPSSやAmosを使ったことがない人でも理解できるよう，その考え方と手順を平易に解説した。

■事例で学ぶ学校の安全と事故防止

添田久美子・石井拓児編著　B5判　156頁　本体2400円

●「事故は起こるもの」と考えるべき。授業中，登下校時，部活の最中，給食で…，児童・生徒が巻き込まれる事故が起こったとき，あなたは──。学校の内外での多様な事故について，何をどのように考えるのか，防止のためのポイントは何か，指導者が配慮すべき点は何か，を具体的にわかりやすく，裁判例も用いながら解説する。学校関係者必携の一冊。

───── ミネルヴァ書房 ─────

http://www.minervashobo.co.jp/